THE
SUDOKU
CHALLENGE

D0591712

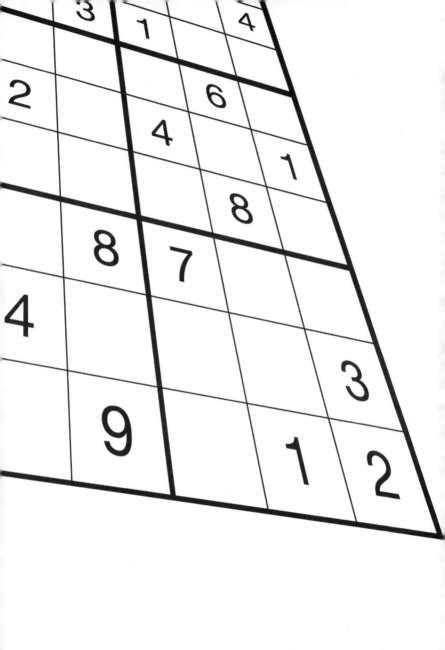

THE
SUDOKU
CHALLENGE

200 puzzles to strain your brain!

Sterling Publishing Co., Inc.
New York

2 3 4 5 6 7 8 9 10

First published in Great Britain in 2005 by
Hamlyn, a division of Octopus Publishing Group Ltd
2-4 Heron Quays, London E14 4JP, England
Copyright © Octopus Publishing Group Ltd 2005
Puzzles copyright © 2005 Puzzler Media Limited 2005

Published in the U.S. in 2005 by Sterling Publishing Co., Inc.
387 Park Avenue South, New York, NY 10016
Distributed in Canada by Sterling Publishing
C/o Canadian Manda Group, 165 Dufferin Street
Toronto, Ontario, Canada M6K 3H6

For information about custom editions, special sales, premium and
corporate purchases, please contact Sterling Special Sales Department
at 800-805-5489 or specialsales@sterlingpub.com.

Manufactured in United States of America

Sterling ISBN 13: 978-1-4027-3358-1
Sterling ISBN 10: 1-4027-3358-5

Contents

What is sudoku?

Sudoku is a puzzle designed to test logic. Based on a 9x9-square grid, each puzzle varies in the level of expertise required to complete it, but the rules are always the same: every row of the grid must contain each of the numbers 1 to 9 only once, as must every column, and every box.

Depending on the level of difficulty, some of the squares will have already been filled in before you start (the easier the puzzle, the more numbers are filled in, but rarely more than 30). Furthermore, these numbers are always given in a symmetrical pattern across the grid. All that remains is for you to use your logic to fill in the empty squares.

Terminology

Box: each 3x3-square region of the grid.
Column: any of the nine vertical 9-square columns.
Grid: the full 81-square puzzle.
Row: any of the nine horizontal 9-square rows.
Section: any three boxes from left to right or top to bottom.
Square: any of the 81 individual squares in the grid. For all references, the grid is read from left to right and top to bottom. The top-left box is, therefore, box 1; the bottom-

right box is box 9; the top row is row 1; the bottom row is row 9; and so on.

			1		2			
8	7						4	
	3	4	8			9		
		2	1			7	6	
			7	5				
	4	9		8	5			
		5		7	4	2		
	6						3	5
		3		6				

Sudoku or su doku is a Japanese name, *su* meaning "number" and *doku* meaning "single."

The history of sudoku

The exact origins of sudoku are not known, although its popularity in recent years is credited largely to the Japanese publishing house Nikoli, which printed an early version of the puzzle in 1984. Nikoli, however, claims to have taken the idea from an American publication, where a similar puzzle went under the name "Number Place."

In 1986 Nikoli devised new rules for the puzzle, which increased its popularity enormously. The first was that the numbers already present had to form a symmetrical pattern within the grid; the second limited the given numbers to 30. Sudoku is now the most popular logic puzzle in Japan and is catching on fast all over the world.

The huge popularity of these puzzles owes much to the fact that they are not mathematically based but use pure logic. The squares could just as easily be filled with symbols, letters, or colors—the principles would remain the same. Almost all the puzzles can be solved logically, without having to resort to complicated calculations. As a result, their appeal is far-reaching: many people find them positively addictive, while for others they are therapeutic.

The sudoku challenge

This book has been devised for newcomers to sudoku and is organized by level of skill: "quick and easy," "tricky brain-teasers," and "the ultimate challenge." Since it was originated by a sudoku "author" rather than created by computer, each puzzle is unique. The first 100 have been compiled specifically to allow you to familiarize yourself with the wide range of strategies you can use to help you fill in the grids. As you build up your sudoku skills—and your confidence—you can progress to the 75 more demanding puzzles, which aim to push your logic that bit further. The final 25 present the hardest challenge of all, requiring not only the skills developed so far but also a deeper analysis of the grid itself to complete the puzzle.

Your first sudoku puzzle

Taking a basic sudoku grid, the following steps demonstrate how to solve the puzzle. The idea is to build up the number of completed squares by a process of elimination.

Step 1

The simplest way to start is to take each section of the grid in turn and analyze the three boxes within it.

Look at the highlighted section of this grid. You can see that boxes 5 and 6 both have a 7 in place, but that box 4 does not. By eliminating rows 4 and 5, because they already contain 7s, you can immediately locate where in box 4 the 7 must go as there is only one empty square in row 6.

What is sudoku?

Step 2

Using the same process of elimination, a handful of other numbers can be filled in. For example, look at the highlighted section of the same grid. The presence of a 6 in boxes 7 and 8 means that all but one of the squares in box 9 can be ruled out as the correct place for the remaining 6 in this section.

The same logic can now be applied, looking at vertical sections, to the 6 in box 3 and the 7 in box 7.

Step 3

Taking this process one stage further, it is possible to fill in additional squares by analyzing more than one section of the grid at a time. Take a look at the grid as completed so far. The highlighted section shows that both boxes 5 and 8 have a 7, but that the 7 is missing from box 2. Eliminating the squares in columns 4 and 6 leaves two possible positions for the 7 in box 2 (entered as small numbers on the grid). Scanning rows 1, 2, and 3 reveals that row 2 already has a 7 (in box 1), which eliminates one of the possible squares in box 2. There is now only one square for the 7 in box 2.

Step 4

Once you think you have exhausted the number of squares you can complete by analyzing the six sections of the grid, look at each column, row, and box in turn, to see if there are additional squares that can be filled in. It makes sense to choose columns, rows, or boxes that already have lots of squares complete.

For example, look at column 7 of the puzzle. The column is missing the numbers 1, 3, and 8, and has empty squares in box 6 and box 9. Scanning box 9 reveals that it already has a 3, which means that the 3 in column 7 has to go in box 6.

Step 5

The same process can be used to fill in other squares. For example, in column 3 the missing numbers are 1, 6, and 8, and there are empty squares in box 1 and box 4. Scanning box 1 reveals that it already has an 8, which means that the 8 in column 3 has to go in box 4. Scanning rows 1 and 2 reveals that there can be only one possible square each for the 1 and 6 in column 3.

What is sudoku?

Step 6

By returning to each of the methods already outlined, constantly scanning and analyzing the grid as more squares are filled in, you should be able to get very close to completing the puzzle, if not finishing it altogether. Every one of the additional numbers here can be added using simple logic.

As you near completion of the grid, some numbers will be easy to place, while others will be harder, more than one possibly going in a given square. From this point on, it makes sense to note these numbers down in the squares, as this will help you to solve the puzzle as you progress.

For example, consider row 1 in the grid, where the missing numbers are 3, 4, 5, and 9. The 5 is easily placed by scanning box 1. There are only two missing numbers here, in the top row: the 5 and 9. Column 2 already has a 5, so

there is just one possible square for the 5: in column 1. The 9 must fill the only remaining square in box 1. The 3 and 4 are not so easy to place immediately, however, as either could fill the squares in columns 4 and 6 of row 1. For the time being, they can both be written small in each box.

The same situation holds for row 4, where the remaining numbers, 4 and 9, can both go in either column 5 or column 6 for the time being.

Step 7

It is possible to reach a stage where it looks as if no more numbers can be filled in. However, having written all the remaining possibilities in the empty squares, you can then go on to use logical deduction to finish the puzzle. Box 8 is the key to completing the grid here. The "small" numbers indicate that there is only one possible square for the 9, which means that any other possible 9s in that box, row, and column can be eliminated. The same is true for the 1.

This decides the numbers 4 and 8 in row 9, thus making it possible to complete the three boxes in this section and, consequently, the remaining squares in the grid.

5	9	6	4	1	3	2	8	7
8	7	1	9	5	2	6	4	3
2	3	4	8	7	6	9	5	1
3	5	2	1	4	9	7	6	8
6	1	8	7	2	5	3	9	4
7	4	9	6	3	8	5	1	2
1	8	5	3	9	7	4	2	6
9	6	7	2	8	4	1	3	5
4	2	3	5	6	1	8	7	9

Congratulations! You have just completed your first sudoku puzzle. You are now ready to undertake the sudoku challenge.

What is sudoku?

Too many numbers

It is easy to get overwhelmed when writing possible but not definite numbers in the squares. Even if you keep them small, it can get confusing when there are four or more present. Write the numbers in pencil, so they can be erased as you eliminate them, and try to keep them to a minimum at all times.

Take a look at the grid at step 6. You can see that box 9 has four numbers missing: 1, 7, 8, and 9. The diagram here shows the same grid with all the possible placements entered in each empty square.

A closer look at the grid reveals that the two squares in column 7 contain the same two numbers: 1 and 8. This means that both the 1 and the 8 have to go in column 7, and so can be eliminated from any other square in box 9, keeping confusion to a minimum.

The same logic can be applied to any three squares in a row, column, or box that contain the exact same three numbers.

This is useful when tackling the most challenging puzzles, where it is more difficult to fill the squares using simple logic. It is a process that helps to keep track of all the missing numbers and eliminate squares that may not be obvious candidates using a more straightforward strategy.

Quick and easy

9	8	6	3	2	4	7	1	5
7	1	2	5	9	8	3	4	6
5	4	3	6	7	1	9	8	2
3	2	7	1	5	6	4	9	8
1	5	8	9	4	2	6	3	7
4	6	9	7	8	3	5	2	1
6	9	1	8	3	5	2	7	4
2	7	5	4	1	9	8	6	3
8	3	4	2	6	7	1	5	9

Quick and easy

1	3	9	2	4	8	7	5	6
2	5	8	6	3	7	9	1	4
4	7	6	9	1	5	3	8	2
5	2	4	3	8	6	1	7	9
7	8	1	5	2	9	6	4	3
9	6	3	1	7	4	8	2	5
8	1	2	4	6	3	5	9	7
6	9	7	8	5	2	4	3	1
3	4	5	7	9	1	2	6	8

2	8	1	3	4	6	5	9	7
5	3	6	9	7	8	1	4	2
7	9	4	1	2	5	6	3	8
6	7	3	8	1	4	9	2	5
8	1	5	2	9	3	4	7	6
4	2	9	5	6	7	3	8	1
1	6	2	7	3	9	8	5	4
3	5	7	4	8	1	2	6	9
9	4	8	6	5	2	7	1	3

Quick and easy

6	3	1	9	7	4	8	2	5
8	7	4	2	5	3	1	9	6
5	2	9	6	1	8	4	3	7
3	1	5	7	4	6	9	8	2
4	9	2	5	8	1	7	6	3
7	6	8	3	9	2	5	4	1
1	5	6	8	3	9	2	7	4
9	4	3	1	2	7	6	5	8
2	8	7	4	6	5	3	1	9

2	6	9	4	5	1	8	7	3
5	3	8	2	7	9	1	4	6
4	7	1	8	6	3	9	5	2
9	5	7	6	8	4	3	2	1
8	1	6	7	3	2	5	9	4
3	2	4	1	9	5	7	6	8
7	4	2	9	1	8	6	3	5
6	8	5	3	4	7	2	1	9
1	9	3	5	2	6	4	8	7

Quick and easy

2	4	5	9	8	1	3	6	7
3	9	7	5	4	6	2	1	8
6	1	8	7	3	2	4	9	5
8	3	4	1	5	9	7	2	3
7	5	9	2	6	3	8	4	1
1	2	3	8	7	4	6	5	9
5	8	2	4	1	7	9	3	6
9	3	1	6	2	8	5	7	4
4	7	6	3	9	5	1	8	2

Quick and easy

1	8	7	3	6	4	9	2	5
6	5	4	2	8	9	7	3	1
3	9	2	5	7	1	6	4	8
7	3	9	8	1	5	2	6	4
2	4	1	7	9	6	5	8	3
8	6	5	4	2	3	1	7	9
9	2	3	1	4	7	8	5	6
4	1	8	6	5	2	3	9	7
5	7	6	9	3	8	4	1	2

Quick and easy

6	5	2	1	8	4	9	7	3
9	7	1	6	5	3	2	8	4
8	3	4	9	7	2	6	5	1
2	4	3	8	6	9	5	1	7
1	6	7	4	3	5	8	9	2
5	9	8	7	2	1	3	4	6
3	2	9	5	4	7	1	6	8
7	1	6	2	9	8	4	3	5
4	8	5	3	1	6	7	2	9

9

		6	3	9	4	7		
	8	1		2		4	5	
	3		9		5		2	
	2	9		1		8	3	
	6		2		3		4	
	7	5		4		3	8	
		3	8	7	1	5		

Quick and easy

		6	3	9	2	5		1
		2	5	4678	1	3		
3	1	3	47	4678			2	
5	2	3	1	2	6			7
3		1				2		
4	2		8	2	3	1		6
	3					679	1	2
		4	2	1	7	8		
1		8	6	3	5	4	79	29

Quick and easy

		4		5				2
	1				4	9		
			9				6	
2		5		4			3	
7	8		5		9			1
1				7		5		
4	3	9			8			5
		1		3			7	
		8	2	9	5			

Quick and easy

8	2	1	3	6	9	7	4	5
3	9	6	7	5	4	1	8	2
4	5	7	2	8	1	6	9	3
7	3	4	1	9	5	2	6	8
9	1	5	6	2	8	4	3	7
6	8	2	4	7	3	9	5	1
2	6	8	5	7	7	3	1	9
5	7	3	9	1	6	8	2	4
1	4	9	8	3	2	5	7	6

			4		8			
	3	8				4	5	
	2		9		3		8	
1		3		4		8		6
			7		9			
2		7		8		9		3
	6		8		5		3	
	7	5				1	6	
			2		6			

Quick and easy

	4		3		8		2	
7		8				4		9
	1			9			3	
1			2		3			8
		7				2		
6			7		1			5
	2			4			8	
4		1				7		2
	7		6		5		9	

7	1	5				8	4	9
8			9		5			6
3								5
	3			8			9	
			3		4			
	8			2			5	
4								2
2			6		7			1
9	6	3				4	7	8

Quick and easy

2	1	7	4	5	8	6	3	9
6	9	4	2	3	7	1	8	5
8	5	3	6	9	1	2	7	4
5	4	6	8	1	2	3	9	7
1	3	2	9	7	5	8	4	6
9	7	8	3	6	4	5	2	1
7	2	5	1	8	9	4	6	3
4	6	9	5	2	3	7	1	8
3	8	1	7	4	6	9	5	2

1			7		4			6
		9				3		
	6		8	9	5		7	
4		1				6		3
		5				7		
3		7				8		5
	3		1	4	9		6	
		4				9		
9			2		8			4

Quick and easy

7								5
		2	5		3	8		
	8		1		6		3	
	4	6	8		1	9	2	
	2	5	9		7	1	6	
	6		4		9		7	
		3	7		5	2		
2								6

Quick and easy

		3		9		5		
			8		6			
4			3	5	1			6
	4	9				1	8	
6		2				4		5
	5	8				6	9	
8			5	3	9			1
			2		4			
		1		7		2		

Quick and easy

	2	6				9	8	
5								3
8		4	9		1	5		7
		9		4		3		
			6		8			
		3		1		8		
6		8	4		5	2		1
3								9
	4	5				6	7	

		8				3		
	5	2	4		3	1	7	
1								4
7	6			9			8	3
			6		1			
8	2			7			5	1
6								9
	9	3	7		2	8	1	
		4				5		

Quick and easy

	8						1	
			8		3			
3		7	2		5	4		8
4		6				9		3
		8	3		6	1		
9		1				8		6
1		3	5		8	7		4
			1		9			
	5						3	

					9	6		
2	5				4			9
			5		6	2	1	
	2					1	9	6
7			9		1			3
9	4	1					8	
	9	4	1		7			
3			4				5	1
		8	2					

Quick and easy

		5		9		6		
	9						1	
		7	8	1	3	2		
	4	1		2		3	9	
			1		6			
	2	3		8		5	6	
		6	4	7	9	1		
	3						7	
		8		5		4		

Quick and easy

			1		4			
		1				3		
	4		3		9		7	
	7			8			3	
1		5	7		2	9		4
		4	2		7	8		
	8	2	5	9	3	4	6	
	1	3				7	5	

Quick and easy

1			2	9	5			3
			1		3			
		5		7		9		
4	7						9	6
2		6				3		7
8	9						2	4
		4		8		1		
			7		4			
6			3	1	2			9

Quick and easy

				8				
		8	3		1	4		
2	4						8	7
	7	2	9		5	6	3	
	3						9	
	1	9	7		6	8	5	
6	9						7	5
		7	5		2	9		
				9				

Quick and easy

	9		5			7	6	
								3
	6	3	1	7				2
				6				
	8			2	1	6		
	1	9	3			2		5
1			4			3		
2	5		6	3		8		9
	3	6						

						3		
		9			3		8	5
	3			5				
					1			7
		2		6				3
	8		7		4	1	9	6
7					8	2		1
	6				7			9
	1		4	9	5	6	7	

Quick and easy

				6				7
		6			2	8	4	
	4					2	1	
	1		3	2			6	
6	9		5		7			2
	7	3		1	4			
			9				5	
4			7	5	1	9		
	5			4				

Quick and easy

		5				2		
8								1
	6	7	4		1	3	8	
	9			1			7	
3	8			9			6	5
	7			3			2	
	2	8	9		6	5	3	
6								8
		4				6		

Quick and easy

	6							
9			3	2				
		7	8		1	6		
	1	5					8	4
	2					1		5
		4				7	2	6
		3		1	5		6	
			7		2	5		1
			9	6	8		7	

					3			
	3	5			4		6	
7			9	5		3		8
	1			7			3	4
5	2							9
	8			4			1	2
8			3	1		2		6
	5	3			7		9	
					8			

Quick and easy

								6
	2					8		
	7	4		3			5	
	1				5			
5		2	1	9		7		
	9	3		7				
9	5		2	4		1		
2		8	5		3	4	7	
	3	1		6				

	4						6	
		3	4		8	1		
		9	2		7	6		
		5	6		1	4		
	7			9			1	
	2		3		9		5	
	3	8	1		6	9	4	
	6		8		5		7	

Quick and easy

					6			4
			1		7		2	
1	4		5	8		7		
	9			6			4	8
			8		1	2		
2	1			5		6	9	
9	3							
		4	6		5	3		
		1	3			4		

Quick and easy

	8	5				2	4	
			9	3	4			
5			8		3			4
9	3	8				5	6	7
		4		9		7		
	6		7		1		5	
	7	3	5		6	1	9	

Quick and easy

	8						4	
		5	7					1
	2	6	1	4		8		5
				7	9			4
	5						8	
4			6	5				
8		2		6	7	4	9	
5					2	7		
	9						1	

		2						3
						2	5	
5			9				8	4
		8	4	7		3		5
			5	2	9		1	
				8				
	1		7					2
	9	5		1				8
2		7	6			5	9	

Quick and easy

			8		7			
1		7	9		4	8		2
		8				9		
			4		5			
7		5	1	9	3	4		6
	5			4			3	
	9	6				1	7	
8			6		9			5

				1	3			
		7	6					5
	6		4			8		2
9			8		7	4		1
6								3
1		8	3		2			9
3		4			5		7	
2					6	9		
			9	4				

	4							
7		3				6		2
	2		6	7			5	
		9			7			5
		6			9	1		
			1	3	4			9
	6			2			4	1
		7				5	8	
	3		9		5	2		

Quick and easy

		4	1	7	8			
	7		4	9	3	8		
5					4	3	2	
		3	5			4	7	
				3		6	8	
8	3			1			6	
1		7				5		
	2	6			7			

Quick and easy

			5		8			
		1				7		
2								9
	5		7		4		9	
4		7				8		2
		2	3		5	4		
	4						7	
5		9	8		7	6		4
	8		9		6		2	

		8						
1	6					7		
		7		6	3	5	8	
		2	6		7	4	1	
			3		1			
		3	8		2	9	6	
		6		7	4	8	5	
9	5					6		
		4						

Quick and easy

3								
				1	8		2	6
				4		5	9	1
		9	3			7	1	5
		3				6		
4	7	6			1	9		
1	6	8		3				
2	3		9	8				
								8

					8			
6			9			5		
	5		3	7	1		9	
		3				6		2
	6					8		
1	8	5				3	4	
5	9		8		2			
		2	4	5		1		
		4	6				2	

Quick and easy

							6	
		7		6				5
	6	9	4			2		
		1	8			5		
	3				5	8	9	7
				9	3			2
		2	9	4			7	
8				3		4	2	
	4			8	1			

Quick and easy

3								9
			4		5			
5								2
		6	3		1	7		
	4	7	9	6	2	5	3	
2			6		3			5
4		9				6		8
	1	5		2		3	4	

Quick and easy

							3	5
	7			5		4		
		6		3		9		7
4	9			8			7	
6			1		3			4
	1			7			2	9
7		1		2		6		
		2		4			8	
8	3							

	3							7
		7		1		6		
	5				6	2	9	
			1	2	3	5		
	1	2			7		8	
	6	3			5			
			6	3			2	
3			7	5		8		6
7	9							

Quick and easy

						9		
					7	1	8	
			5		9		4	6
6				8		4	7	
9	7		4		6			
5	4			3		8		
7								
8	3		2	5				
	1	9	6	7	4			

		5						
			3	4		1		
8	9		1					2
	8		9		3		2	6
	3			7		9	1	
	1		2		4		8	3
9	6		7					4
			4	8		6		
		1						

Quick and easy

					1	6		
		7					4	5
1		4	5			9		
	5	9	7	3				1
				9				7
	8	6	1	5				3
4		3	9			2		
		5					8	9
					5	7		

	1		2					3
					9	8		
			5	6			2	
	2	8	6				1	
5						7		
6		3			7	2		8
8	5		7		6			
		2			3			4
1		7	9	2				

Quick and easy

			8		7			
7				5				4
	2	9				1	7	
		2	7		4	9		
9		3				8		7
		8	1		3	5		
	6	5				4	1	
3				4				8
			6		9			

		3	6		1	5		
			8	7	5			
	7						6	
	1		9	5	7		2	
6			2		4			8
		9				1		
	3	1				2	5	
2	4	6				9	3	7

Quick and easy

				8	9			7
		9		3	2	6		
	2			7		8		
9	4				3	7	5	
6	3				7	9	1	
	5			6		2		
		7		9	1	3		
				4	5			8

			5					6
			4	9	7	8	5	
	1	5						7
		7			2		8	5
		6		5	8	3		9
		4			3		9	
		8		4		5	6	
	9		1	7	5			

Quick and easy

		4		3				5
		7	1				2	
		5	9			1	3	
					8		5	9
1			5	6				7
					9		1	3
		1	2			7	4	
		3	7				6	
		2		4				1

2	9							
			8			1	7	
		8		6				9
	8	6	1				9	
	2	5	9		6	8	3	
	7				3	2	6	
5				9		4		
	6	4			1			
							2	7

Quick and easy

		2		3		9		
	6		2		9		1	
		3				5		
	5		3		1		6	
1	7						2	3
		6	8		2	1		
8								9
3	9		1		4		8	5

				7				
			6		8	5		
						4	2	7
	2				7			
5					2		4	3
	8		1	3			6	
	6	5					1	2
		4		1	3	8	7	
		8		2		3		

Quick and easy

						6		
5			7	8		9		
				3			1	4
		9	2					
	5	6				7	3	
7		2			3		8	
9	6		3	2	4			
	2	1		6				
		3	1				9	

			2		7			
			1	8	9			
	9						3	
		6				1		
5								3
4	1	3				5	8	9
	4		8		3		6	
	8	7				3	9	
		5	4		6	7		

Quick and easy

							5	
		1	5			2		8
2		5	6	7		3		
	2			6	9		7	
					4			
	9			1	5		8	
7		3	4	2		5		
		2	8			4		7
							1	

				2	1			6
			9				7	4
					4	8		
	7					1		
5				4				9
2		9				6		7
		3	1		8		2	
	5					7		1
4	8			7	5		6	

Quick and easy

							4	
	3				8			2
5			1			6		3
		2	6			3	8	
3		1		8	9			7
		6	5			1	9	
4			3			7		8
	9				5			6
							2	

		7				4	5	
	6					8		
			2	5	3			
	1			4	9	3		8
	9		1			2		
	5			8	2	6		1
			4	9	1			
	2					5		
		4				1	8	

Quick and easy

		2		6				
		5					1	
8	6			5			7	9
				9		3	5	1
2		8	3				6	
						7	8	
			5		6	8		
	9	4	7	8	2			
		6	9					

			4		3			
	4		7	1	9		2	
	2						1	
		5	3		1	4		
7		1				9		6
6			8		5			7
	1	9	2		4	5	6	
		7				2		

Quick and easy

					8			1
							5	
			6	1		4	9	
		4	1			6		
		2			4			9
7				8			1	4
		3	8					6
	8	6			2		3	
2				6	9	1		5

				4				
			8				1	7
6	9				2		5	
		6		8	7		9	4
						5	6	1
		9		1	5		3	8
8	4				9		2	
			7				4	9
				2				

Quick and easy

						4		
				1			5	9
5		9	7		4	6		
8				3		9		1
	3	2			8			
9				4		3		5
2		3	1		9	8		
				5			6	2
						5		

	1						2	
		8	4		7	9		
	5	1		7		8	6	
9		7				1		3
6								9
			5		2			
1		4				5		6
	9	5	8		1	3	4	

Quick and easy

					2			
	2			1		4	5	
			7			9		
		6						4
	8				4	5		7
3				7		1		2
	5	4		2	8		7	1
	3					2		
			6	4	9	3		

	4	9					1	
			9	7	5			
4	1	2				8		
	8		4	5		1		
	7	6		2		3		
6			8		2		9	
			5	9	7		8	
		5			4			

Quick and easy

	6		3					
7	5							1
		4	5		1	2		
5				3	6	9		
						4		2
2				1	4	3		
		5	4		9	1		
3	7							9
	9		6					

							5	
	6							9
	4	9	5	1	8			
			4	9		3		
			2		3	1		
	5	1		8	6	9		
8		6	9			2		
	3		1			4	8	
		2						

Quick and easy

			2		6			
7				8				9
		1		7		8		
	9		5		3		6	
3		6	8		4	2		1
6								8
	3		9		5		7	
5	4						1	6

	1							
3			4			5	1	
						4		
	8					7	2	9
				2			4	5
					1			8
	7	5	9				8	3
	6		8	7		2		
			5	6	3	9		

Quick and easy

	1	5				9	8	
4								5
			6		1			
		8				5		
	9	4				2	7	
			9	7	2			
			2		7			
	2	7	5	9	6	4	3	
	6						1	

	2	9	4		7		6	
			8		3	1		9
2			7		4		9	
					2	5		
8			9		5		7	
			2		1	4		7
	8	7	5		9		3	

Quick and easy

								8
	1	8		6	7	2		
	5		9					
		5		4			6	
	6		3			7	4	9
	7				9			3
	9			2				
			4	7				1
4				9	5		2	

			5			1		
					7	3	4	5
					4	9		6
1			6			7		
				2				
	7	8		9			5	
7	8	2	4					
	5				8		3	7
	9	1					8	

Quick and easy

			5		6			
	9						7	
		5				1		
	3		8		2		6	
	2	1				8	4	
2	1			7			3	8
7		3		2		6		9
	5		1		3		2	

	3		1			4		
5				4		3	8	
			8		6			
2		3		6		9	4	
	7		4		2			
		9		1				7
6	4		2				3	
	5		3			2		
					1			

Quick and easy

						6		
2								
	6	1	8					4
5			4	2				
6	1			5	9			
		3			1	7		
8	5		1			3		
	7	2		6		5		
		6		7	4		1	

Quick and easy

				4	8			
			7					3
	8	1	5			4		9
8	9		6					4
	3						2	
1					7		9	6
3		9			4	7	6	
4					5			
			8	9				

Quick and easy

		8					2	4
	2			3	5		9	
				6	3			
		6	4				3	7
		5	7			2		6
					6		7	2
	8	2		5		6		
	4			2	9	1		

	2							
7				8		5		6
				4		3		8
				1			7	
	1	9	8			4		
					3	1		2
	5	8		6	9			
			5					4
	7	6			4		1	

						6		1
	5	1						
	6		3				8	
		8			5	1		
					9		6	4
			1	3		2		
9			6		3	5	7	
		5		2		8		
6				4				9

							4	
		2	4			9		3
		4	6		3	7		
7		9		1				
	5			4			2	
				7		1		5
		3	8		1	6		
1		5			9	3		
	7							

Quick and easy

			3	8				
		9				5	7	
		6		2	5		3	
8						6		
5	1		6			7		8
	3			4				1
						3	2	
2			1	3				
	4			5	6			

		9	4	5				1
				1		7	4	2
9		8			1		7	
		2		8		6		
	4		6			2		5
2	5	4		9				
1				3	6	5		

Quick and easy

								7
		3	2				5	6
	8				3		1	
	1			5				
			4		8	7	3	
		5		2				9
				4				
	2	1		3			8	4
7	9				2		6	

Quick and easy

								2
						1	3	
3	9	8	4					5
8				1	3		5	
	2			6				3
6				7	2		8	
4	7	1	3					9
						6	1	
								7

Quick and easy

6								1
	8		9	5	6		4	
		7	2		4	8		
	4						1	
	5		1		3		6	
		3	7		8	9		
		6				7		
8				2				3

Quick and easy

					7		8	5
			5			2		
				9				
	9				8	1	2	
		5						3
1			2			4		9
	7		3		2		6	
9			7			3		
2				8	1			

Quick and easy

			5				6
			9		2			
5	7							
	9						3	
			2	1				7
7	8	3		6			2	
	1	9	7					
		2	3		6	4		
			5			2		

Tricky brain-teasers

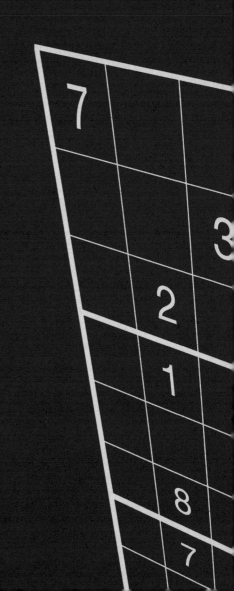

					1			
	4		9					8
9	5			2	8			3
		6	5		9		2	
8								
		1	7		6		5	
6	1			7	5			9
	2		8					6
					4			

Tricky brain-teasers

			9			25	7	5
			6			25	48	5
			3		8	6	48	1
8	6	1				5		567
						5	2	8
		9				4	1	567
		7		9	\	5	2
2				1	7	8		4
		8		4		7	6	

4			7		5			8
1								6
		2	6		1	7		
		9	3		4	5		
	8						3	
		5	8		7	9		
		7	1		8	6		
5								9
9			5		6			3

Tricky brain-teasers

7	8	3	1	2	9	6	5	4
5	2	9	6	4	8	7	3	1
6	1	4	5	3	7	8	2	9
4	7	1	9	5	3	2	6	8
3	5	6	8	1	2	4	9	7
2	9	8	7	6	4	3	1	5
8	6	2	4	9	5	1	7	3
9	3	7	2	8	1	5	4	6
1	4	5	3	7	6	9	8	2

						7		5
		7	1	9			6	4
	3			1	8	5		7
	1	4	5		9	6	2	
6		5	3	4			1	
9	4			6	7	1		
5		2						

Tricky brain-teasers

					5			
4			9	2		7		
2				1			8	
		4		6				5
5			3		2	9	4	
	9	1		4			3	
	5		4		1			
		6	8					
				7		4	5	

5			3		4			1
			3		4			
			5		6			
	1	8				4	5	
	2		4		9		6	
		4		2		9		
	7						1	
3			7		2			6
4	9		8		1		7	3

8	7	4	3	6	5	1	9	2
1	5	9	4	2	7	6	3	8
6	2	3	1	8	9	7	5	4
3	1	8	5	9	6	2	4	7
4	6	2	7	1	3	5	8	9
7	9	5	2	4	8	3	6	1
5	4	6	8	7	1	9	2	3
2	3	1	9	5	4	8	7	6
9	8	7	6	3	2	4	1	5

Tricky brain-teasers

						3	6	
				9		1		
					1			4
			5	7		6		9
	5		8				2	
		4			9			
7	3		2					
6				1			4	2
		2	6				1	

Tricky brain-teasers

		2	5		7	9		
5			2		4			3
9		1				6		7
		4	3		1	8		
	5						3	
7		6		1		3		4
1	9						7	2
			7		8			

			6		4			
5	4						8	9
8		7	9		5	4		3
		1	3		8	5		
				7				
	5			8			4	
	1	4				3	2	
6	7						5	1

						2	8	
			6		1	9		
9		4	5					
	5			6		7		4
	8						2	
7		6		3			9	
					6	4		3
		7	1		3			
	1	8						

			4	8			9	
	6	9			3	2		
	8			6				5
1	4					5	8	
		8						
6	9					3	7	
	7			4				3
	2	1			7	8		
			1	2			6	

	1					4		
	2		9		6	8		
9		4						
3					9		7	
		5	8	6	4	9		
	6		2					1
						7		6
		6	3		7		8	
		1					3	

	2			6			4	
3		6	7		4	1		2
4	5						9	3
7								8
			6		8			
6								1
2	6						1	9
5		3	9		6	8		4
	4			3			7	

		7		4				
		1				2		
2	3			8			4	9
					7	3		4
9		2				6	1	
			4		6	8		
	1		8	7	3			6
		3		9				1
		9	2			4	3	

					5			
	9		8				3	
	7	2	9	3				
8	5			7		3	4	
						9	1	
7	2			4		8	5	
	4	7	6	5				
	3		7				2	
					1			

Tricky brain-teasers

	5			1		8	2	
3						5	9	
	1		3	9				
		3			6		7	
9		2			5			
	2		6	4				
6	4	7			3		8	
	3		9			2		

							2	
		7				5		8
3			7				1	
		6		3				
8		3	2		1			
	2		5	4		8		
2	3			5	7		4	
1		8	3					
	7	5		2		3		

Tricky brain-teasers

		9	5		7	2		
		5				1		
	1						7	
9			3		6			1
8		2		5		3		6
1			7		2			4
	9						6	
		7				5		
		3	1		4	9		

						9		3
			9				1	
9	7	1	5			2		
				8		3		2
	5	8	6		2	1	9	
4		2		5				
		5			6	7	8	9
	1				4			
2		7						

Tricky brain-teasers

			4		5			
	2			1			5	
		8	7		3	2		
8		2				6		9
	7						2	
9		6				5		4
		4	2		8	1		
	1			7			4	
			9		1			

		5				8		
4		8				3		1
3			9	4	8			5
		3	8		4	7		
				6				
		6	2		3	9		
5			1	3	7			9
6		7				4		2
		9				1		

Tricky brain-teasers

1	2			3			4	7
9	3		8		2		6	1
				9				
	8						1	
4		3				2		8
	9						3	
				8				
3	1		4		9		2	5
8	6			5			7	4

				4	2	9		3
					6			8
				8	3		1	
				3		5		
3		8	2			1		
5	6	1						
1			4	7			5	2
		7				6		1
9	8					3	4	

Tricky brain-teasers

				5		9		2
			3	6	4			
		9						8
	8	6			9		3	
		4		3	7	6		
	9				1			4
				7			8	9
	5		4			2	1	3

	2	9				3		
	6	5			4		7	
	9			5		6		
1	4		6	3	8			
		8		2				
	7		8			5	3	
8		2		6	5	9	4	
	3			4				

Tricky brain-teasers

7	8	4	3	9	5	6	1	2
36	368	2	7	1	8	349	23 15	259
9	1	5	2	6	4	7	3	8
2	9	6	1	7	3	5	8	4
8	4	3	9	5	2	1	7	6
1	5	7	8	4	6	2	9	3
5	23	8	6	2	7	349	4	1
36	7	9	4	8	1	3	2 56	25 7
4	26	1	5	3	9	8	2 6	7

Tricky brain-teasers

					5	9		
2					8		4	7
				7		6		
	2	3		5	9			4
	1		6		7		8	
4			2	3		7	5	
		2		9				
1	9		5					2
		4	3					

Tricky brain-teasers

	6				3			
		3		9		7		
1					5		3	
		1			2	9		7
		7	1	4			2	
9				8				
				5	8		7	
2	1							5
	9		6			4		

	9						2	
2			1	5	7			8
		6				5		
	8		9		2		7	
	2						6	
	1		8		3		4	
		3				9		
1			3	9	5			4
	5						1	

Tricky brain-teasers

4	9	2				8	1	5
8	1						3	7
1	7		8		5		4	9
			6		7			
		4				5		
9			3		4			2
	5						8	
	4	8				3	6	

1	8	3	7	2	9	6	5	4
7	5	2	1	4	6	8	3	9
6	4	9	5	3	8	1	2	7
4	3	7	8	1	2	9	6	5
2	6	8	4	9	5	7	1	3
9	1	5	3	6	7	2	4	8
8	7	4	2	5	1	3	9	6
3	2	6	9	8	4	5	7	1
5	9	1	6	7	3	4	8	2

Tricky brain-teasers

6				8					5
	2			6		7		4	
					3				
			7	1		2	8		
4									7
3	8							1	9
	9	4					5	3	
		8					6		
1		5					9		2

			8		7			
1		7	9		4	8		2
		8				9		
			4		5			
7		5	1		3	4		6
	5			4			3	
	9	6				1	7	
8			6		9			5

		4			8		3	
		8	2					4
1			7					
	6			8				1
3		2	4		1			
	8		6	2		3	5	
6				7			8	2
			8		9			
		5		3		6		

			4		3			
	3	7				8	5	
	7						6	
	4		7		6		1	
		9	2		4	3		
	8	6	5		9	1	2	
5								7
7			3		2			9

								2
		1				8	6	
	7				5	4	3	
						1	9	
					6		4	8
		9		5				
	3	7	4					
	9	2	8	7				5
1				9			7	

	1			5			8	
2	8		6		3		4	1
		3	1		8	2		
	6	1				8	2	
9								4
	3	4				6	7	
		6	2		9	4		
3	4		7		6		1	2
	9			1			6	

				1				
					7	6	8	
					5	2	9	3
	1	2			6			5
5		3				7		9
9			5			8	1	
4	8	5	6					
	2	7	9					
				5				

	5			2				
	6	2			8			
1					3	4		
		1	8		2	6		
			3	2			7	5
		6	9		3	8		
2				6	9			
	8	7		9				
	3		5					

Tricky brain-teasers

								1
4	9				3			
8	1		6				9	2
				3	5			7
7	6			1			8	3
1			7	9				
6	7				8		2	5
			3				4	9
3								

		1		8		2		
4		2	6		1	3		8
	4	7	1		8	6	5	
	8	5	9		2	1	7	
2		8	3		6	5		1
		6		2		8		

Tricky brain-teasers

2				3				7
	1	4	8		6	9	2	
		8				3		
		1	5	7	9	6		
	8		2		5		6	
	4	5				8	3	
		2		6		1		

Tricky brain-teasers

		2	3		7	9		
7								5
		8	1		4	5		
	9						6	
	4	7	6		9	8	3	
1			4	6	2			3
9								6
	3						8	

				1				4
	2		3		6	7		9
		9	8		1		7	6
7	6		5		4		8	1
8	3		6		9	2		
6		3	9		8		1	
9				5				

			7					
				4		1	3	
		7		3		2		6
	8			2		6		1
1			5		8			4
2		4		7			5	
5		2		9		3		
	7	1		5				
					3			

Tricky brain-teasers

9								7
6		8				4		2
		3	8		1	6		
8			3		6			1
		2		1		5		
1			4		7			8
		7	6		3	8		
2		6				1		3
4								5

							3	
	7					4		
		6		3	8	9		7
4	9		5	8		1		
6			1		3			4
		8		7	4		2	9
7		1	8	2		6		
		2					8	
	3							

			8		7			
		8	5		6	9		
	7		4		9		1	
		9	7		3	8		
1		5				7		4
	6						7	
9								2
3	4	2				5	6	9

			7				8	
			3			6		4
	4			6		3	1	
				4				
	6	7			3	5		
5	1						9	3
7	8			3				
		4	5	2		8		
1		2	4					

			1		6			
	7	3				5	2	
		4				3		
		1	7	6	9	4		
8								2
4		6		3		2		9
	8						3	
9			5		2			4

								8
	8				1	4		9
4		1				3		5
2		6	9		4			
		3		8		2		
			6		2	9		1
5		8				7		3
6		4	5				9	
7								

Tricky brain-teasers

9	8	5	2	6	1	4	3	7
7	2	4	9	8	3	1	6	5
1	3	6	4	5	7	8	9	2
4	6	2	8	1	9	7	5	3
5	7	1	3	2	4	9	8	6
8	9	3	5	7	6	2	1	4
2	4	9	6	3	8	5	7	1
6	5	7	1	9	2	3	4	8
3	1	8	7	4	5	6	2	9

				6				
		9	5					2
	1	5	3			4		
	5	6	4	2			1	
2			6				8	
						6	2	4
		7			3			1
			1	7	8			9
	3				6	7	5	

Tricky brain-teasers

7		1	6					
		9			2			
			3	9				
		7		4			2	
	2				5	9		
		3				7		6
1			2		3		4	5
8				1				
	3	5						7

				5				
		5	4		7	1		
		9	1		8	7		
9		8	2		5	4		1
	4			9			2	
5		3	8		4	9		7
		6	7		9	5		
		4	3		1	2		
				4				

Tricky brain-teasers

			3	9	5	2		
			3	9	5	2		
4			6				3	
			5				6	
	6		1	8			5	
7	8			6	9	3	1	
	1	8						
5	9	7	4	1				
	2		8			5		

				7		8		
			5		6			1
				4	3		6	2
	4			3		1		
6		5	1				7	
	9	2						
5			3				8	7
		6		5		2		
	8	3				4		

3	4						6	5
			3	9	8			
		2				3		
6				8				3
	5		4		1		7	
1				2				4
		6				2		
			2	7	5			
8	2						3	7

		4	2		9	6		
8	2	6				5	9	1
	5		1		6		8	
4		1	9		7	2		6
	8		5		4		3	
9	6	5				7	1	2
		8	6		2	3		

Tricky brain-teasers

	7		3		5		8	
	8						7	
	4		1		6		3	
		8	5		3	2		
		5		7		8		
7		2		5		9		6
			6		2			
		1				4		

		2		1	9		3	4
		3	2	6			9	
	9		6				2	3
2		6				1		5
5	8				2		7	
	2			7	1	3		
7	4		3	5		6		

Tricky brain-teasers

					3			
7	5		1					6
	4			5	2		3	
	2					4	6	
4	6							7
	9					3	8	
	8			9	6		1	
9	7		4					2
					1			

4		6			5			
	2		6	4	3			
		9	5			7	8	
	7	3	9	6		1		
				7	1	9		
	3			5	7		4	
6		7		3		8		
	5						9	

Tricky brain-teasers

	9			3				
1		3	4		7	9		
	6						4	
	1				4	5		7
4				8				
	2		6	7	3	4		
	5		2		9		7	1
		1				6	9	
			7			3		5

Tricky brain-teasers

		3		9		2		
		6	1		2	3	4	5
		2		3		4	5	
1	7						8	3
	3	5		1		9		
3	2	7	6		5	8		
		8		2		7		

Tricky brain-teasers

		2						8
		4		1				3
8	6					9		
			9			5		
	3				4	1	8	
				6				7
		7	5	2			1	
				7		3		5
6	8				1		7	9

						4		
				8	4		9	
			9	2				1
		4	7		9	2		
	5	3			2			
	1		8	4				7
8			3					2
	6						3	5
		7			5	1	8	

								5
			7	6		1		
	3		1		8		6	
		4			1	9		
		3	6	9			1	
1	5	9	4	7		6	8	
	1		5	4	7			
4		5	9			3		
	9		3					

		1						7
	6		1	2	7	9		
		4		1	8			9
		8	9		3		7	2
		2	6	7		8	1	
		3			1		2	
				8	2	7		4
	2		5	6			3	

Tricky brain-teasers

			7		4			
8				9				6
			1		3			
	5	4				3	1	
6	1	3				7	9	5
	2						8	
1			6		7			9
		6		3		2		

8					3		9	
				5		8		
	3	9	1					4
			6		8	3		2
		1						7
			2		9	5		6
	5	4	8					1
				6		4		
7					5		6	

	2	4	9		1	3	7	
1			4		5			6
6								4
3	4						6	9
				5				
7	9						8	2
9								1
2			5		8			7
	8	6	1		7	9	2	

			5		1			
		2	8		7	1		
	7						5	
	8						4	
5	4			1			8	9
		9				6		
	9	4		5		7	2	
8			2		4			3
			1	3	9			

The ultimate challenge

							1	4
		9	2			6		3
	4						9	
2			3		4			
		5	7	9				
		8	1	6	2		3	
			9	8			2	
5						4		
	1				3			

								4
	4			1		8	7	
			4	3	7			2
	3	7			6		9	
6		8						3
	5	4			9		2	
			6	4	8			9
	6			9		3	4	
								6

				1				
						4	7	5
7	6				9		1	
	3	4			2	6		
8			9		3			4
		6	8			1	2	
	9		4				6	1
1	4	7						
				2				

The ultimate challenge

3	2	1	4	9	5	6	7	8
9	5	8	7	2	6	1	3	4
6	7	4	8	1	3	2	5	9
1	6	7	5	3	4	9	8	2
4	8	5	2	7	9	3	1	6
2	9	3	6	8	1	7	4	5
5	3	6	1	4	2	8	9	7
7	1	2	9	5	8	4	6	3
8	4	9	3	6	7	5	2	1

		1				7		
	5		4		7		6	
		8		2		4		
	8		1		2		3	
5				4				1
	1		5		6		8	
		2		6		1		
	6		9		1		4	
		9				8		

The ultimate challenge

						9		
				2	1		8	
6	2		7	9			4	
		6		7			9	8
	1							7
		2		8			5	6
4	3		2	1			7	
				3	7		1	
						5		

	9	2	5		1	3	6	
	8	7				4	5	
	4	9	8		5	7	1	
		3				9		
	2	1	9		7	6	8	
	3	6				8	7	
	5	4	7		9	1	3	

The ultimate challenge

			5		3			
	6		8		7		2	
7	3						4	8
3	7	1				4	6	2
6								7
4	8	2				9	5	1
2	4						8	3
	1		2		5		9	
			7		4			

		9	7		2	5		
	4		5		8		3	
		5				2		
	8						6	
7	5			6			4	3
	3		2		4		5	
1			6		9			8
	9		1		7		2	

The ultimate challenge

					9			
6			5	3				
		5			2	9		
1			4			5		6
		8	6				9	
	5			1	3		7	
8				2		7		
	3		8					
		4			6		5	

7					8	4		
		5		3				
1								9
			4					8
	7	1	3				4	
	2		5	1	7			
	6			7			5	
		4	9	6				
9						1		6

The ultimate challenge

	1						5	
			9		5			
		9		7		8		
			2	9	4			
		7				2		
3			8		7			9
1		2	3		9	6		4
			4		1			
	6						1	

4								
	9	8				4		3
	5	7		3		2	9	
			1		4	8	2	
			7		6			
			3		9	7	6	
	2	9		1		3	4	
	8	6				9		1
1								

The ultimate challenge

		8	1		3	6		
	4						5	
6								2
	9						3	
8		4				7		9
4	8			6			9	3
7		6		9		1		5
	1		8		2		6	

The ultimate challenge

2								
9		3	2	5			4	
5					9	6		1
			4	6	2			3
			5	1	3			9
8					1	3		7
3		4	9	7			8	
1								

The ultimate challenge

4								6
	8	7	9	6	4	2	5	
	1		4		8		2	
			7		3			
	3		5		6		8	
	7	2	3	8	1	9	6	
9								3

The ultimate challenge

	6							
					1		6	4
5				3		7		
		8		1	6	2		7
2			5		4			9
3		5	8	9		6		
		7		2				3
8	4		7					
							7	

The ultimate challenge

	1			3			7	
		7				9		
2		6	5		7	3		4
		1	6		3	2		
		3	2		9	5		
1		5	8		2	4		7
		8				1		
	3			1			9	

			7				4	
			6	5			2	8
6		7						
	5	4			6	2		
				7	1			
	8	2			5	3		
3		6						
			3	4			9	7
			1				3	

The ultimate challenge

		6		4				
	8							
5		3		8	1	6	9	
1	4		5				6	
						1		9
3	9		1				7	
8		2		5	9	4	3	
	3							
		4		7				

The ultimate challenge

						1	4	7
			7	3		9		6
		9			6		1	
		8		7	3	6		
			9	2		5		
	3	7		5	8		9	
	2		1			3		
	1	4						

The ultimate challenge

	8						6	
		2	6		3	5		
			5	9	8			
3		6				8		9
	2						5	
9		4				3		2
			1	7	2			
		7	8		4	1		
	6						8	

		5						
	9			8	4			
		3		1			6	4
	3	7			9	1	5	
			6	7	1			
	8	1	5			7	9	
7	5			9		6		
			2	5			4	
						3		

The ultimate challenge

			3		1			
8		2				7		6
	8						6	
5		7				8		2
		1				4		
4	9		7		2		8	1
	1		8		9		7	
	7	8		5		6	4	

The ultimate challenge

			8	7		2	6	
	1		6		2			8
			1			8		4
4	6						9	7
3		1			4			
8			2		7		4	
	4	9		1	6			

The ultimate challenge

Answers

5	9	6	4					
8	7	1	9	5				
2	3	4	8	7				
3	5	2	1	4				
6	1	8	7	2				
7	4	9	6	3			8	
1	8	5	3	9		7		
9	6	7	2	8				
4	2	3	5	6	1			

1

9	8	6	3	2	4	7	1	5
7	1	2	5	9	8	3	4	6
5	4	3	6	7	1	9	8	2
3	2	7	1	5	6	4	9	8
1	5	8	9	4	2	6	3	7
4	6	9	7	8	3	5	2	1
6	9	1	8	3	5	2	7	4
2	7	5	4	1	9	8	6	3
8	3	4	2	6	7	1	5	9

2

1	3	9	2	4	8	7	5	6
2	5	8	6	3	7	9	1	4
4	7	6	9	1	5	3	8	2
5	2	4	3	8	6	1	7	9
7	8	1	5	2	9	6	4	3
9	6	3	1	7	4	8	2	5
8	1	2	4	6	3	5	9	7
6	9	7	8	5	2	4	3	1
3	4	5	7	9	1	2	6	8

3

2	8	1	3	4	6	5	9	7
5	3	6	9	7	8	1	4	2
7	9	4	1	2	5	6	3	8
6	7	3	8	1	4	9	2	5
8	1	5	2	9	3	4	7	6
4	2	9	5	6	7	3	8	1
1	6	2	7	3	9	8	5	4
3	5	7	4	8	1	2	6	9
9	4	8	6	5	2	7	1	3

4

6	3	1	9	7	4	8	2	5
8	7	4	2	5	3	1	9	6
5	2	9	6	1	8	4	3	7
3	1	5	7	4	6	9	8	2
4	9	2	5	8	1	7	6	3
7	6	8	3	9	2	5	4	1
1	5	6	8	3	9	2	7	4
9	4	3	1	2	7	6	5	8
2	8	7	4	6	5	3	1	9

5

2	6	9	4	5	1	8	7	3
5	3	8	2	7	9	1	4	6
4	7	1	8	6	3	9	5	2
9	5	7	6	8	4	3	2	1
8	1	6	7	3	2	5	9	4
3	2	4	1	9	5	7	6	8
7	4	2	9	1	8	6	3	5
6	8	5	3	4	7	2	1	9
1	9	3	5	2	6	4	8	7

6

2	4	5	9	8	1	3	6	7
3	9	7	5	4	6	2	1	8
6	1	8	7	3	2	4	9	5
8	6	4	1	5	9	7	2	3
7	5	9	2	6	3	8	4	1
1	2	3	8	7	4	6	5	9
5	8	2	4	1	7	9	3	6
9	3	1	6	2	8	5	7	4
4	7	6	3	9	5	1	8	2

7

1	8	7	3	6	4	9	2	5
6	5	4	2	8	9	7	3	1
3	9	2	5	7	1	6	4	8
7	3	9	8	1	5	2	6	4
2	4	1	7	9	6	5	8	3
8	6	5	4	2	3	1	7	9
9	2	3	1	4	7	8	5	6
4	1	8	6	5	2	3	9	7
5	7	6	9	3	8	4	1	2

8

6	5	2	1	8	4	9	7	3
9	7	1	6	5	3	2	8	4
8	3	4	9	7	2	6	5	1
2	4	3	8	6	9	5	1	7
1	6	7	4	3	5	8	9	2
5	9	8	7	2	1	3	4	6
3	2	9	5	4	7	1	6	8
7	1	6	2	9	8	4	3	5
4	8	5	3	1	6	7	2	9

9

7	9	4	1	5	8	2	6	3
2	5	6	3	9	4	7	1	8
3	8	1	7	2	6	4	5	9
4	3	8	9	6	5	1	2	7
5	2	9	4	1	7	8	3	6
1	6	7	2	8	3	9	4	5
9	7	5	6	4	2	3	8	1
6	4	3	8	7	1	5	9	2
8	1	2	5	3	9	6	7	4

10

7	8	6	3	9	2	5	4	1
9	4	2	5	7	1	3	6	8
3	1	5	4	6	8	7	2	9
5	2	3	1	4	6	9	8	7
8	6	1	7	5	9	2	3	4
4	7	9	8	2	3	1	5	6
2	3	7	9	8	4	6	1	5
6	5	4	2	1	7	8	9	3
1	9	8	6	3	5	4	7	2

11

9	6	4	1	5	7	3	8	2
3	1	2	6	8	4	9	5	7
8	5	7	9	2	3	1	6	4
2	9	5	8	4	1	7	3	6
7	8	3	5	6	9	2	4	1
1	4	6	3	7	2	5	9	8
4	3	9	7	1	8	6	2	5
5	2	1	4	3	6	8	7	9
6	7	8	2	9	5	4	1	3

12

8	2	1	3	6	9	7	4	5
3	9	6	7	5	4	1	8	2
4	5	7	2	8	1	6	9	3
7	3	4	1	9	5	2	6	8
9	1	5	6	2	8	4	3	7
6	8	2	4	7	3	9	5	1
2	6	8	5	4	7	3	1	9
5	7	3	9	1	6	8	2	4
1	4	9	8	3	2	5	7	6

13

5	1	9	4	6	8	3	2	7
6	3	8	1	2	7	4	5	9
7	2	4	9	5	3	6	8	1
1	9	3	5	4	2	8	7	6
4	8	6	7	3	9	2	1	5
2	5	7	6	8	1	9	4	3
9	6	2	8	1	5	7	3	4
8	7	5	3	9	4	1	6	2
3	4	1	2	7	6	5	9	8

14

9	4	6	3	7	8	5	2	1
7	3	8	5	1	2	4	6	9
2	1	5	4	9	6	8	3	7
1	5	4	2	6	3	9	7	8
3	8	7	9	5	4	2	1	6
6	9	2	7	8	1	3	4	5
5	2	9	1	4	7	6	8	3
4	6	1	8	3	9	7	5	2
8	7	3	6	2	5	1	9	4

15

7	1	5	2	3	6	8	4	9
8	4	2	9	7	5	3	1	6
3	9	6	4	1	8	7	2	5
6	3	7	5	8	1	2	9	4
5	2	9	3	6	4	1	8	7
1	8	4	7	2	9	6	5	3
4	7	1	8	9	3	5	6	2
2	5	8	6	4	7	9	3	1
9	6	3	1	5	2	4	7	8

16

2	1	7	4	5	8	6	3	9
6	9	4	2	3	7	1	8	5
8	5	3	6	9	1	2	7	4
5	4	6	8	1	2	3	9	7
1	3	2	9	7	5	8	4	6
9	7	8	3	6	4	5	2	1
7	2	5	1	8	9	4	6	3
4	6	9	5	2	3	7	1	8
3	8	1	7	4	6	9	5	2

17

1	5	8	7	3	4	2	9	6
7	4	9	6	1	2	3	5	8
2	6	3	8	9	5	4	7	1
4	9	1	5	8	7	6	2	3
6	8	5	4	2	3	7	1	9
3	2	7	9	6	1	8	4	5
8	3	2	1	4	9	5	6	7
5	1	4	3	7	6	9	8	2
9	7	6	2	5	8	1	3	4

18

7	3	9	2	8	4	6	1	5
6	1	2	5	7	3	8	4	9
5	8	4	1	9	6	7	3	2
3	4	6	8	5	1	9	2	7
9	7	1	6	4	2	3	5	8
8	2	5	9	3	7	1	6	4
1	6	8	4	2	9	5	7	3
4	9	3	7	6	5	2	8	1
2	5	7	3	1	8	4	9	6

19

2	6	3	4	9	7	5	1	8
1	9	5	8	2	6	3	4	7
4	8	7	3	5	1	9	2	6
3	4	9	7	6	5	1	8	2
6	1	2	9	8	3	4	7	5
7	5	8	1	4	2	6	9	3
8	2	4	5	3	9	7	6	1
5	7	6	2	1	4	8	3	9
9	3	1	6	7	8	2	5	4

20

1	2	6	3	5	7	9	8	4
5	9	7	2	8	4	1	6	3
8	3	4	9	6	1	5	2	7
7	8	9	5	4	2	3	1	6
4	5	1	6	3	8	7	9	2
2	6	3	7	1	9	8	4	5
6	7	8	4	9	5	2	3	1
3	1	2	8	7	6	4	5	9
9	4	5	1	2	3	6	7	8

21

4	7	8	1	2	9	3	6	5
9	5	2	4	6	3	1	7	8
1	3	6	8	5	7	9	2	4
7	6	1	2	9	5	4	8	3
3	4	5	6	8	1	7	9	2
8	2	9	3	7	4	6	5	1
6	1	7	5	3	8	2	4	9
5	9	3	7	4	2	8	1	6
2	8	4	9	1	6	5	3	7

22

2	8	5	9	6	4	3	1	7
6	1	4	8	7	3	5	2	9
3	9	7	2	1	5	4	6	8
4	2	6	7	8	1	9	5	3
5	7	8	3	9	6	1	4	2
9	3	1	4	5	2	8	7	6
1	6	3	5	2	8	7	9	4
7	4	2	1	3	9	6	8	5
8	5	9	6	4	7	2	3	1

23

1	8	7	3	2	9	6	4	5
2	5	6	8	1	4	3	7	9
4	3	9	5	7	6	2	1	8
8	2	3	7	4	5	1	9	6
7	6	5	9	8	1	4	2	3
9	4	1	6	3	2	5	8	7
6	9	4	1	5	7	8	3	2
3	7	2	4	6	8	9	5	1
5	1	8	2	9	3	7	6	4

24

8	1	5	7	9	2	6	3	4
3	9	2	6	4	5	8	1	7
4	6	7	8	1	3	2	5	9
6	4	1	5	2	7	3	9	8
5	8	9	1	3	6	7	4	2
7	2	3	9	8	4	5	6	1
2	5	6	4	7	9	1	8	3
1	3	4	2	6	8	9	7	5
9	7	8	3	5	1	4	2	6

25

3	9	6	1	7	4	5	2	8
4	2	7	8	3	5	6	1	9
8	5	1	9	2	6	3	4	7
2	4	8	3	5	9	1	7	6
6	7	9	4	8	1	2	3	5
1	3	5	7	6	2	9	8	4
5	6	4	2	1	7	8	9	3
7	8	2	5	9	3	4	6	1
9	1	3	6	4	8	7	5	2

26

1	6	8	2	9	5	7	4	3
7	4	9	1	6	3	2	8	5
3	2	5	4	7	8	9	6	1
4	7	3	5	2	1	8	9	6
2	5	6	8	4	9	3	1	7
8	9	1	6	3	7	5	2	4
5	3	4	9	8	6	1	7	2
9	1	2	7	5	4	6	3	8
6	8	7	3	1	2	4	5	9

27

7	6	3	2	8	4	5	1	9
9	5	8	3	7	1	4	2	6
2	4	1	6	5	9	3	8	7
8	7	2	9	4	5	6	3	1
5	3	6	1	2	8	7	9	4
4	1	9	7	3	6	8	5	2
6	9	4	8	1	3	2	7	5
1	8	7	5	6	2	9	4	3
3	2	5	4	9	7	1	6	8

28

8	9	2	5	4	3	7	6	1
7	4	1	2	9	6	5	8	3
5	6	3	1	7	8	9	4	2
4	2	7	9	6	5	1	3	8
3	8	5	7	2	1	6	9	4
6	1	9	3	8	4	2	7	5
1	7	8	4	5	9	3	2	6
2	5	4	6	3	7	8	1	9
9	3	6	8	1	2	4	5	7

29

8	5	1	9	7	2	3	6	4
6	2	9	1	4	3	7	8	5
4	3	7	8	5	6	9	1	2
9	4	6	3	8	1	5	2	7
1	7	2	5	6	9	8	4	3
3	8	5	7	2	4	1	9	6
7	9	4	6	3	8	2	5	1
5	6	8	2	1	7	4	3	9
2	1	3	4	9	5	6	7	8

30

1	8	2	4	6	5	3	9	7
9	3	6	1	7	2	8	4	5
5	4	7	8	9	3	2	1	6
8	1	5	3	2	9	7	6	4
6	9	4	5	8	7	1	3	2
2	7	3	6	1	4	5	8	9
7	2	1	9	3	6	4	5	8
4	6	8	7	5	1	9	2	3
3	5	9	2	4	8	6	7	1

31

9	1	5	8	7	3	2	4	6
8	4	3	2	6	9	7	5	1
2	6	7	4	5	1	3	8	9
4	9	6	5	1	2	8	7	3
3	8	2	7	9	4	1	6	5
5	7	1	6	3	8	9	2	4
1	2	8	9	4	6	5	3	7
6	5	9	3	2	7	4	1	8
7	3	4	1	8	5	6	9	2

32

1	6	2	5	4	7	3	9	8
9	5	8	3	2	6	4	1	7
4	3	7	8	9	1	6	5	2
6	1	5	2	7	3	9	8	4
7	2	9	6	8	4	1	3	5
3	8	4	1	5	9	7	2	6
2	7	3	4	1	5	8	6	9
8	9	6	7	3	2	5	4	1
5	4	1	9	6	8	2	7	3

33

4	9	8	7	6	3	1	2	5
1	3	5	2	8	4	9	6	7
7	6	2	9	5	1	3	4	8
9	1	6	8	7	2	5	3	4
5	2	4	1	3	6	7	8	9
3	8	7	5	4	9	6	1	2
8	4	9	3	1	5	2	7	6
6	5	3	4	2	7	8	9	1
2	7	1	6	9	8	4	5	3

34

1	8	5	7	2	4	3	9	6
3	2	9	6	5	1	8	4	7
6	7	4	8	3	9	2	5	1
7	1	6	3	8	5	9	2	4
5	4	2	1	9	6	7	3	8
8	9	3	4	7	2	6	1	5
9	5	7	2	4	8	1	6	3
2	6	8	5	1	3	4	7	9
4	3	1	9	6	7	5	8	2

35

6	9	2	7	1	3	5	8	4
8	4	1	9	5	2	7	6	3
7	5	3	4	6	8	1	2	9
4	1	9	2	8	7	6	3	5
2	8	5	6	3	1	4	9	7
3	7	6	5	9	4	2	1	8
1	2	7	3	4	9	8	5	6
5	3	8	1	7	6	9	4	2
9	6	4	8	2	5	3	7	1

36

5	7	2	9	3	6	8	1	4
3	8	6	1	4	7	9	2	5
1	4	9	5	8	2	7	3	6
7	9	5	2	6	3	1	4	8
4	6	3	8	9	1	2	5	7
2	1	8	7	5	4	6	9	3
9	3	7	4	2	8	5	6	1
8	2	4	6	1	5	3	7	9
6	5	1	3	7	9	4	8	2

37

4	9	7	2	8	5	6	3	1
3	8	5	1	6	7	2	4	9
6	1	2	9	3	4	8	7	5
7	4	1	6	5	9	3	8	2
5	2	6	8	7	3	9	1	4
9	3	8	4	1	2	5	6	7
1	5	4	3	9	8	7	2	6
8	6	9	7	2	1	4	5	3
2	7	3	5	4	6	1	9	8

38

7	8	1	2	9	5	3	4	6
3	4	5	7	8	6	9	2	1
9	2	6	1	4	3	8	7	5
2	6	3	8	7	9	1	5	4
1	5	9	3	2	4	6	8	7
4	7	8	6	5	1	2	3	9
8	1	2	5	6	7	4	9	3
5	3	4	9	1	2	7	6	8
6	9	7	4	3	8	5	1	2

39

1	6	2	8	5	4	9	7	3
4	8	9	1	3	7	2	5	6
5	7	3	9	6	2	1	8	4
9	2	8	4	7	1	3	6	5
3	4	6	5	2	9	8	1	7
7	5	1	3	8	6	4	2	9
8	1	4	7	9	5	6	3	2
6	9	5	2	1	3	7	4	8
2	3	7	6	4	8	5	9	1

40

5	8	2	3	6	1	7	9	4
9	6	4	8	2	7	5	1	3
1	3	7	9	5	4	8	6	2
3	4	8	2	7	6	9	5	1
6	1	9	4	8	5	3	2	7
7	2	5	1	9	3	4	8	6
2	5	1	7	4	8	6	3	9
4	9	6	5	3	2	1	7	8
8	7	3	6	1	9	2	4	5

41

8	2	9	5	1	3	6	4	7
4	1	7	6	2	8	3	9	5
5	6	3	4	7	9	8	1	2
9	3	5	8	6	7	4	2	1
6	7	2	1	9	4	5	8	3
1	4	8	3	5	2	7	6	9
3	9	4	2	8	5	1	7	6
2	8	1	7	3	6	9	5	4
7	5	6	9	4	1	2	3	8

42

6	4	5	3	9	2	8	1	7
7	8	3	5	4	1	6	9	2
9	2	1	6	7	8	3	5	4
3	1	9	8	6	7	4	2	5
4	7	6	2	5	9	1	3	8
8	5	2	1	3	4	7	6	9
5	6	8	7	2	3	9	4	1
2	9	7	4	1	6	5	8	3
1	3	4	9	8	5	2	7	6

43

3	8	9	6	2	5	1	4	7
6	5	4	1	7	8	2	9	3
2	7	1	4	9	3	8	5	6
5	1	8	7	6	4	3	2	9
9	6	3	5	8	2	4	7	1
7	4	2	9	3	1	6	8	5
8	3	5	2	1	9	7	6	4
1	9	7	8	4	6	5	3	2
4	2	6	3	5	7	9	1	8

44

3	7	4	5	9	8	2	1	6
8	9	1	6	3	2	7	4	5
2	6	5	4	7	1	3	8	9
6	5	8	7	2	4	1	9	3
4	3	7	1	6	9	8	5	2
9	1	2	3	8	5	4	6	7
1	4	6	2	5	3	9	7	8
5	2	9	8	1	7	6	3	4
7	8	3	9	4	6	5	2	1

45

4	3	8	7	2	5	1	9	6
1	6	5	4	8	9	7	3	2
2	9	7	1	6	3	5	8	4
5	8	2	6	9	7	4	1	3
6	4	9	3	5	1	2	7	8
7	1	3	8	4	2	9	6	5
3	2	6	9	7	4	8	5	1
9	5	1	2	3	8	6	4	7
8	7	4	5	1	6	3	2	9

46

3	5	1	6	9	2	8	7	4
9	4	7	5	1	8	3	2	6
6	8	2	7	4	3	5	9	1
8	2	9	3	6	4	7	1	5
5	1	3	8	7	9	6	4	2
4	7	6	2	5	1	9	8	3
1	6	8	4	3	7	2	5	9
2	3	4	9	8	5	1	6	7
7	9	5	1	2	6	4	3	8

47

3	2	9	5	6	8	4	7	1
6	7	1	9	2	4	5	8	3
4	5	8	3	7	1	2	9	6
9	4	3	7	8	5	6	1	2
2	6	7	1	4	3	8	5	9
1	8	5	2	9	6	3	4	7
5	9	6	8	1	2	7	3	4
7	3	2	4	5	9	1	6	8
8	1	4	6	3	7	9	2	5

48

3	2	8	1	5	9	7	6	4
4	1	7	3	6	2	9	8	5
5	6	9	4	7	8	2	1	3
9	7	1	8	2	4	5	3	6
2	3	4	6	1	5	8	9	7
6	8	5	7	9	3	1	4	2
1	5	2	9	4	6	3	7	8
8	9	6	5	3	7	4	2	1
7	4	3	2	8	1	6	5	9

49

3	6	1	2	7	8	4	5	9
7	8	2	4	9	5	1	6	3
5	9	4	1	3	6	8	7	2
9	2	6	3	5	1	7	8	4
1	5	3	7	8	4	2	9	6
8	4	7	9	6	2	5	3	1
2	7	8	6	4	3	9	1	5
4	3	9	5	1	7	6	2	8
6	1	5	8	2	9	3	4	7

50

1	8	4	7	6	9	2	3	5
3	7	9	2	5	1	4	6	8
2	5	6	4	3	8	9	1	7
4	9	3	5	8	2	1	7	6
6	2	7	1	9	3	8	5	4
5	1	8	6	7	4	3	2	9
7	4	1	8	2	5	6	9	3
9	6	2	3	4	7	5	8	1
8	3	5	9	1	6	7	4	2

51

6	3	9	5	8	2	4	1	7
2	8	7	9	1	4	6	3	5
1	5	4	3	7	6	2	9	8
9	7	8	1	2	3	5	6	4
5	1	2	4	6	7	9	8	3
4	6	3	8	9	5	1	7	2
8	4	5	6	3	1	7	2	9
3	2	1	7	5	9	8	4	6
7	9	6	2	4	8	3	5	1

52

3	6	5	1	4	8	9	2	7
4	9	2	3	6	7	1	8	5
1	8	7	5	2	9	3	4	6
6	2	3	9	8	5	4	7	1
9	7	8	4	1	6	2	5	3
5	4	1	7	3	2	8	6	9
7	5	4	8	9	3	6	1	2
8	3	6	2	5	1	7	9	4
2	1	9	6	7	4	5	3	8

53

1	4	5	8	9	2	3	6	7
7	2	6	3	4	5	1	9	8
8	9	3	1	6	7	5	4	2
5	8	7	9	1	3	4	2	6
2	3	4	6	7	8	9	1	5
6	1	9	2	5	4	7	8	3
9	6	8	7	3	1	2	5	4
3	5	2	4	8	9	6	7	1
4	7	1	5	2	6	8	3	9

54

5	9	2	4	7	1	6	3	8
8	3	7	6	2	9	1	4	5
1	6	4	5	8	3	9	7	2
2	5	9	7	3	4	8	6	1
3	4	1	8	9	6	5	2	7
7	8	6	1	5	2	4	9	3
4	7	3	9	1	8	2	5	6
6	1	5	2	4	7	3	8	9
9	2	8	3	6	5	7	1	4

55

4	1	6	2	7	8	5	9	3
2	7	5	4	3	9	8	6	1
3	8	9	5	6	1	4	2	7
7	2	8	6	4	5	3	1	9
5	9	1	3	8	2	7	4	6
6	4	3	1	9	7	2	5	8
8	5	4	7	1	6	9	3	2
9	6	2	8	5	3	1	7	4
1	3	7	9	2	4	6	8	5

56

5	4	6	8	1	7	3	9	2
7	3	1	9	5	2	6	8	4
8	2	9	4	3	6	1	7	5
6	5	2	7	8	4	9	3	1
9	1	3	2	6	5	8	4	7
4	7	8	1	9	3	5	2	6
2	6	5	3	7	8	4	1	9
3	9	7	5	4	1	2	6	8
1	8	4	6	2	9	7	5	3

57

9	8	3	6	4	1	5	7	2
1	6	2	8	7	5	3	4	9
5	7	4	3	9	2	8	6	1
3	2	7	1	8	6	4	9	5
4	1	8	9	5	7	6	2	3
6	9	5	2	3	4	7	1	8
7	5	9	4	2	3	1	8	6
8	3	1	7	6	9	2	5	4
2	4	6	5	1	8	9	3	7

58

3	6	4	1	8	9	5	2	7
8	7	9	5	3	2	6	4	1
5	2	1	6	7	4	8	3	9
9	4	2	8	1	3	7	5	6
7	1	5	9	2	6	4	8	3
6	3	8	4	5	7	9	1	2
1	5	3	7	6	8	2	9	4
4	8	7	2	9	1	3	6	5
2	9	6	3	4	5	1	7	8

59

5	8	9	3	2	6	1	7	4
7	4	2	5	8	1	9	3	6
3	6	1	4	9	7	8	5	2
8	1	5	9	3	4	6	2	7
9	3	7	6	1	2	4	8	5
4	2	6	7	5	8	3	1	9
2	5	4	8	6	3	7	9	1
1	7	8	2	4	9	5	6	3
6	9	3	1	7	5	2	4	8

60

2	1	4	8	3	6	9	7	5
3	9	7	1	5	4	8	2	6
8	6	5	9	2	7	1	3	4
4	7	6	3	1	8	2	5	9
1	3	9	5	6	2	4	8	7
5	2	8	4	7	9	6	1	3
6	5	1	2	9	3	7	4	8
9	4	3	7	8	1	5	6	2
7	8	2	6	4	5	3	9	1

61

2	9	7	3	1	5	6	4	8
6	5	3	8	4	9	1	7	2
1	4	8	2	6	7	3	5	9
3	8	6	1	5	2	7	9	4
4	2	5	9	7	6	8	3	1
9	7	1	4	8	3	2	6	5
5	3	2	7	9	8	4	1	6
7	6	4	5	2	1	9	8	3
8	1	9	6	3	4	5	2	7

62

9	3	8	6	1	5	4	7	2
4	1	2	7	3	8	9	5	6
7	6	5	2	4	9	3	1	8
6	8	3	4	2	7	5	9	1
2	5	9	3	8	1	7	6	4
1	7	4	9	5	6	8	2	3
5	4	6	8	9	2	1	3	7
8	2	1	5	7	3	6	4	9
3	9	7	1	6	4	2	8	5

63

9	4	1	2	7	5	6	3	8
7	3	2	6	4	8	5	9	1
8	5	6	3	9	1	4	2	7
6	2	3	4	5	7	1	8	9
5	1	9	8	6	2	7	4	3
4	8	7	1	3	9	2	6	5
3	6	5	7	8	4	9	1	2
2	9	4	5	1	3	8	7	6
1	7	8	9	2	6	3	5	4

64

2	3	8	4	9	1	6	5	7
5	1	4	7	8	6	9	2	3
6	9	7	5	3	2	8	1	4
3	8	9	2	7	5	4	6	1
1	5	6	8	4	9	7	3	2
7	4	2	6	1	3	5	8	9
9	6	5	3	2	4	1	7	8
8	2	1	9	6	7	3	4	5
4	7	3	1	5	8	2	9	6

65

8	6	4	2	3	7	9	5	1
3	5	2	1	8	9	4	7	6
7	9	1	6	4	5	8	3	2
9	2	6	3	5	8	1	4	7
5	7	8	9	1	4	6	2	3
4	1	3	7	6	2	5	8	9
1	4	9	8	7	3	2	6	5
6	8	7	5	2	1	3	9	4
2	3	5	4	9	6	7	1	8

66

8	3	9	1	4	2	7	5	6
6	7	1	5	9	3	2	4	8
2	4	5	6	7	8	3	9	1
4	2	8	3	6	9	1	7	5
1	5	6	7	8	4	9	2	3
3	9	7	2	1	5	6	8	4
7	8	3	4	2	1	5	6	9
9	1	2	8	5	6	4	3	7
5	6	4	9	3	7	8	1	2

67

8	3	4	7	2	1	5	9	6
1	2	5	9	8	6	3	7	4
9	6	7	3	5	4	8	1	2
3	7	6	5	9	2	1	4	8
5	1	8	6	4	7	2	3	9
2	4	9	8	1	3	6	5	7
7	9	3	1	6	8	4	2	5
6	5	2	4	3	9	7	8	1
4	8	1	2	7	5	9	6	3

68

2	6	7	9	5	3	8	4	1
1	3	4	7	6	8	9	5	2
5	8	9	1	2	4	6	7	3
9	4	2	6	7	1	3	8	5
3	5	1	4	8	9	2	6	7
8	7	6	5	3	2	1	9	4
4	2	5	3	9	6	7	1	8
7	9	8	2	1	5	4	3	6
6	1	3	8	4	7	5	2	9

69

9	3	7	6	1	8	4	5	2
5	6	2	9	7	4	8	1	3
8	4	1	2	5	3	9	6	7
2	1	6	5	4	9	3	7	8
7	9	8	1	3	6	2	4	5
4	5	3	7	8	2	6	9	1
3	8	5	4	9	1	7	2	6
1	2	9	8	6	7	5	3	4
6	7	4	3	2	5	1	8	9

70

9	3	2	1	6	7	5	4	8
4	7	5	8	2	9	6	1	3
8	6	1	4	5	3	2	7	9
6	4	7	2	9	8	3	5	1
2	1	8	3	7	5	9	6	4
3	5	9	6	1	4	7	8	2
1	2	3	5	4	6	8	9	7
5	9	4	7	8	2	1	3	6
7	8	6	9	3	1	4	2	5

71

2	7	8	4	5	3	6	9	1
1	9	3	6	2	8	7	5	4
5	4	6	7	1	9	3	2	8
3	2	4	9	6	7	8	1	5
9	6	5	3	8	1	4	7	2
7	8	1	5	4	2	9	3	6
6	3	2	8	9	5	1	4	7
8	1	9	2	7	4	5	6	3
4	5	7	1	3	6	2	8	9

72

9	2	5	7	4	8	3	6	1
4	6	1	9	2	3	7	5	8
3	7	8	6	1	5	4	9	2
8	5	4	1	9	7	6	2	3
6	1	2	5	3	4	8	7	9
7	3	9	2	8	6	5	1	4
5	9	3	8	7	1	2	4	6
1	8	6	4	5	2	9	3	7
2	4	7	3	6	9	1	8	5

73

1	7	5	9	4	3	6	8	2
2	3	4	8	5	6	9	1	7
6	9	8	1	7	2	4	5	3
5	1	6	3	8	7	2	9	4
7	8	3	2	9	4	5	6	1
4	2	9	6	1	5	7	3	8
8	4	7	5	3	9	1	2	6
3	5	2	7	6	1	8	4	9
9	6	1	4	2	8	3	7	5

74

3	2	6	9	8	5	4	1	7
4	7	8	3	1	6	2	5	9
5	1	9	7	2	4	6	3	8
8	4	5	6	3	7	9	2	1
1	3	2	5	9	8	7	4	6
9	6	7	2	4	1	3	8	5
2	5	3	1	6	9	8	7	4
7	9	4	8	5	3	1	6	2
6	8	1	4	7	2	5	9	3

75

5	1	9	6	3	8	4	2	7
3	6	8	4	2	7	9	1	5
4	7	2	9	1	5	6	3	8
2	5	1	3	7	9	8	6	4
9	4	7	2	8	6	1	5	3
6	8	3	1	5	4	2	7	9
8	3	6	5	4	2	7	9	1
1	2	4	7	9	3	5	8	6
7	9	5	8	6	1	3	4	2

76

5	9	3	4	6	2	7	1	8
8	2	7	9	1	3	4	5	6
4	6	1	7	8	5	9	2	3
2	7	6	5	9	1	8	3	4
1	8	9	2	3	4	5	6	7
3	4	5	8	7	6	1	9	2
9	5	4	3	2	8	6	7	1
6	3	8	1	5	7	2	4	9
7	1	2	6	4	9	3	8	5

77

3	5	8	2	4	1	9	6	7
7	4	9	6	8	3	2	1	5
2	6	1	9	7	5	4	3	8
4	1	2	7	3	9	8	5	6
9	8	3	4	5	6	1	7	2
5	7	6	1	2	8	3	4	9
6	3	7	8	1	2	5	9	4
1	2	4	5	9	7	6	8	3
8	9	5	3	6	4	7	2	1

78

1	6	8	3	2	7	5	9	4
7	5	2	9	4	8	6	3	1
9	3	4	5	6	1	2	8	7
5	4	7	2	3	6	9	1	8
6	1	3	8	9	5	4	7	2
2	8	9	7	1	4	3	5	6
8	2	5	4	7	9	1	6	3
3	7	6	1	5	2	8	4	9
4	9	1	6	8	3	7	2	5

79

1	2	3	6	7	9	8	5	4
5	6	8	3	2	4	7	1	9
7	4	9	5	1	8	6	2	3
2	8	7	4	9	1	3	6	5
6	9	4	2	5	3	1	7	8
3	5	1	7	8	6	9	4	2
8	7	6	9	4	5	2	3	1
9	3	5	1	6	2	4	8	7
4	1	2	8	3	7	5	9	6

80

9	8	3	2	5	6	1	4	7
2	1	4	7	3	9	6	8	5
7	6	5	4	8	1	3	2	9
4	5	1	6	7	2	8	9	3
8	9	2	5	1	3	7	6	4
3	7	6	8	9	4	2	5	1
6	2	9	1	4	7	5	3	8
1	3	8	9	6	5	4	7	2
5	4	7	3	2	8	9	1	6

81

6	1	4	2	5	9	8	3	7
3	9	7	4	8	6	5	1	2
2	5	8	1	3	7	4	9	6
1	8	6	3	4	5	7	2	9
7	3	9	6	2	8	1	4	5
5	4	2	7	9	1	3	6	8
4	7	5	9	1	2	6	8	3
9	6	3	8	7	4	2	5	1
8	2	1	5	6	3	9	7	4

82

7	1	5	4	2	3	9	8	6
4	3	6	7	8	9	1	2	5
9	8	2	6	5	1	3	4	7
2	7	8	1	6	4	5	9	3
6	9	4	8	3	5	2	7	1
3	5	1	9	7	2	8	6	4
8	4	3	2	1	7	6	5	9
1	2	7	5	9	6	4	3	8
5	6	9	3	4	8	7	1	2

83

3	4	8	1	9	6	7	2	5
1	2	9	4	5	7	8	6	3
5	7	6	8	2	3	1	4	9
2	5	1	7	3	4	6	9	8
7	9	3	6	8	2	5	1	4
8	6	4	9	1	5	3	7	2
9	3	5	2	6	1	4	8	7
6	8	7	5	4	9	2	3	1
4	1	2	3	7	8	9	5	6

84

6	4	9	2	3	1	5	7	8
3	1	8	5	6	7	2	9	4
7	5	2	9	8	4	3	1	6
9	3	5	7	4	8	1	6	2
8	6	1	3	5	2	7	4	9
2	7	4	6	1	9	8	5	3
1	9	7	8	2	6	4	3	5
5	2	6	4	7	3	9	8	1
4	8	3	1	9	5	6	2	7

85

2	4	3	5	6	9	1	7	8
8	6	9	1	2	7	3	4	5
5	1	7	8	3	4	9	2	6
1	2	4	6	8	5	7	9	3
9	3	5	7	4	2	8	6	1
6	7	8	3	9	1	4	5	2
7	8	2	4	5	3	6	1	9
4	5	6	9	1	8	2	3	7
3	9	1	2	7	6	5	8	4

86

1	6	2	7	3	8	9	5	4
3	4	7	5	9	6	2	8	1
5	9	8	2	4	1	3	7	6
8	7	5	3	6	4	1	9	2
4	3	9	8	1	2	7	6	5
6	2	1	9	5	7	8	4	3
2	1	4	6	7	9	5	3	8
7	8	3	4	2	5	6	1	9
9	5	6	1	8	3	4	2	7

87

7	3	8	1	2	5	4	6	9
5	2	6	9	4	7	3	8	1
1	9	4	8	3	6	7	5	2
2	1	3	7	6	8	9	4	5
8	7	5	4	9	2	6	1	3
4	6	9	5	1	3	8	2	7
6	4	7	2	5	9	1	3	8
9	5	1	3	8	4	2	7	6
3	8	2	6	7	1	5	9	4

88

3	8	9	2	4	7	6	5	1
2	4	5	9	1	6	8	7	3
7	6	1	8	3	5	9	2	4
5	9	7	4	2	3	1	8	6
6	1	8	7	5	9	4	3	2
4	2	3	6	8	1	7	9	5
8	5	4	1	9	2	3	6	7
1	7	2	3	6	8	5	4	9
9	3	6	5	7	4	2	1	8

89

9	7	3	2	4	8	6	5	1
5	4	6	7	1	9	2	8	3
2	8	1	5	6	3	4	7	9
8	9	7	6	5	2	1	3	4
6	3	4	9	8	1	5	2	7
1	2	5	4	3	7	8	9	6
3	5	9	1	2	4	7	6	8
4	6	8	3	7	5	9	1	2
7	1	2	8	9	6	3	4	5

90

3	1	9	2	8	4	7	6	5
5	6	8	9	7	1	3	2	4
7	2	4	6	3	5	8	9	1
2	7	1	5	6	3	4	8	9
8	9	6	4	1	2	5	3	7
4	3	5	7	9	8	2	1	6
1	5	3	8	4	6	9	7	2
9	8	2	1	5	7	6	4	3
6	4	7	3	2	9	1	5	8

91

8	2	3	9	5	6	7	4	1
7	9	4	3	8	1	5	2	6
1	6	5	7	4	2	3	9	8
3	8	2	4	1	5	6	7	9
6	1	9	8	2	7	4	5	3
5	4	7	6	9	3	1	8	2
4	5	8	1	6	9	2	3	7
2	3	1	5	7	8	9	6	4
9	7	6	2	3	4	8	1	5

92

8	7	9	4	5	2	6	3	1
3	5	1	8	9	6	4	2	7
4	6	2	3	7	1	9	8	5
2	4	8	7	6	5	1	9	3
5	1	3	2	8	9	7	6	4
7	9	6	1	3	4	2	5	8
9	8	4	6	1	3	5	7	2
1	3	5	9	2	7	8	4	6
6	2	7	5	4	8	3	1	9

93

6	3	7	1	9	5	2	4	8
5	1	2	4	8	7	9	6	3
9	8	4	6	2	3	7	5	1
7	2	9	5	1	8	4	3	6
3	5	1	9	4	6	8	2	7
4	6	8	3	7	2	1	9	5
2	9	3	8	5	1	6	7	4
1	4	5	7	6	9	3	8	2
8	7	6	2	3	4	5	1	9

94

4	2	5	3	8	7	9	1	6
3	8	9	4	6	1	5	7	2
1	7	6	9	2	5	8	3	4
8	9	4	7	1	2	6	5	3
5	1	2	6	9	3	7	4	8
6	3	7	5	4	8	2	9	1
9	6	1	8	7	4	3	2	5
2	5	8	1	3	9	4	6	7
7	4	3	2	5	6	1	8	9

95

4	1	3	7	6	2	9	5	8
7	2	9	4	5	8	3	6	1
6	8	5	9	1	3	7	4	2
9	6	8	5	2	1	4	7	3
5	7	2	3	8	4	6	1	9
3	4	1	6	7	9	2	8	5
2	5	4	1	9	7	8	3	6
1	9	7	8	3	6	5	2	4
8	3	6	2	4	5	1	9	7

96

5	4	2	8	6	1	3	9	7
1	7	3	2	9	4	8	5	6
9	8	6	5	7	3	4	1	2
4	1	7	3	5	9	6	2	8
2	6	9	4	1	8	7	3	5
8	3	5	6	2	7	1	4	9
3	5	8	9	4	6	2	7	1
6	2	1	7	3	5	9	8	4
7	9	4	1	8	2	5	6	3

97

7	1	4	6	3	5	8	9	2
5	6	2	7	9	8	1	3	4
3	9	8	4	2	1	7	6	5
8	4	7	9	1	3	2	5	6
1	2	5	8	6	4	9	7	3
6	3	9	5	7	2	4	8	1
4	7	1	3	8	6	5	2	9
9	5	3	2	4	7	6	1	8
2	8	6	1	5	9	3	4	7

98

4	9	5	3	1	2	6	7	8
6	3	2	4	8	7	5	9	1
7	8	1	9	5	6	3	4	2
1	6	7	2	9	4	8	3	5
3	4	9	8	6	5	2	1	7
2	5	8	1	7	3	4	6	9
5	1	3	7	4	8	9	2	6
9	2	6	5	3	1	7	8	4
8	7	4	6	2	9	1	5	3

99

3	4	9	1	2	7	6	8	5
8	1	7	5	3	6	2	9	4
6	5	2	8	9	4	7	3	1
7	9	3	4	5	8	1	2	6
4	2	5	6	1	9	8	7	3
1	6	8	2	7	3	4	5	9
5	7	1	3	4	2	9	6	8
9	8	4	7	6	5	3	1	2
2	3	6	9	8	1	5	4	7

100

9	2	8	1	5	7	3	4	6
1	3	6	9	4	2	7	5	8
5	7	4	6	3	8	9	1	2
2	9	1	8	7	5	6	3	4
4	6	5	2	1	3	8	9	7
7	8	3	4	6	9	1	2	5
6	1	9	7	2	4	5	8	3
8	5	2	3	9	6	4	7	1
3	4	7	5	8	1	2	6	9

101

3	6	8	4	5	1	9	7	2
1	4	2	9	3	7	5	6	8
9	5	7	6	2	8	1	4	3
4	3	6	5	1	9	8	2	7
8	7	5	3	4	2	6	9	1
2	9	1	7	8	6	3	5	4
6	1	3	2	7	5	4	8	9
5	2	4	8	9	3	7	1	6
7	8	9	1	6	4	2	3	5

102

6	8	4	9	5	1	2	7	3
1	7	3	6	2	4	9	8	5
9	5	2	3	7	8	6	4	1
8	6	1	4	3	2	5	9	7
7	4	5	1	9	6	3	2	8
3	2	9	7	8	5	4	1	6
4	3	7	8	6	9	1	5	2
2	9	6	5	1	7	8	3	4
5	1	8	2	4	3	7	6	9

103

4	9	6	7	2	5	3	1	8
1	7	3	4	8	9	2	5	6
8	5	2	6	3	1	7	9	4
7	2	9	3	6	4	5	8	1
6	8	1	9	5	2	4	3	7
3	4	5	8	1	7	9	6	2
2	3	7	1	9	8	6	4	5
5	6	8	2	4	3	1	7	9
9	1	4	5	7	6	8	2	3

104

7	8	3	1	2	9	6	5	4
5	2	9	6	4	8	7	3	1
6	1	4	5	3	7	8	2	9
4	7	1	9	5	3	2	6	8
3	5	6	8	1	2	4	9	7
2	9	8	7	6	4	3	1	5
8	6	2	4	9	5	1	7	3
9	3	7	2	8	1	5	4	6
1	4	5	3	7	6	9	8	2

105

4	5	6	7	8	3	2	9	1
1	9	8	4	2	6	7	3	5
3	2	7	1	9	5	8	6	4
2	3	9	6	1	8	5	4	7
8	1	4	5	7	9	6	2	3
6	7	5	3	4	2	9	1	8
9	4	3	8	6	7	1	5	2
5	8	2	9	3	1	4	7	6
7	6	1	2	5	4	3	8	9

106

6	1	8	7	3	5	2	9	4
4	3	5	9	2	8	7	1	6
2	7	9	6	1	4	5	8	3
3	2	4	1	6	9	8	7	5
5	6	7	3	8	2	9	4	1
8	9	1	5	4	7	6	3	2
7	5	2	4	9	1	3	6	8
9	4	6	8	5	3	1	2	7
1	8	3	2	7	6	4	5	9

107

5	3	9	2	8	7	6	4	1
1	6	2	3	9	4	7	8	5
8	4	7	5	1	6	3	2	9
9	1	8	6	7	3	4	5	2
7	2	3	4	5	9	1	6	8
6	5	4	1	2	8	9	3	7
2	7	6	9	3	5	8	1	4
3	8	1	7	4	2	5	9	6
4	9	5	8	6	1	2	7	3

108

8	7	4	3	6	5	1	9	2
1	5	9	4	2	7	6	3	8
6	2	3	1	8	9	7	5	4
3	1	8	5	9	6	2	4	7
4	6	2	7	1	3	5	8	9
7	9	5	2	4	8	3	6	1
5	4	6	8	7	1	9	2	3
2	3	1	9	5	4	8	7	6
9	8	7	6	3	2	4	1	5

109

1	4	9	7	8	2	3	6	5
3	2	6	4	9	5	1	7	8
5	7	8	3	6	1	2	9	4
2	1	3	5	7	4	6	8	9
9	5	7	8	3	6	4	2	1
8	6	4	1	2	9	5	3	7
7	3	1	2	4	8	9	5	6
6	8	5	9	1	3	7	4	2
4	9	2	6	5	7	8	1	3

110

6	7	3	1	8	9	4	2	5
4	1	2	5	3	7	9	6	8
5	8	9	2	6	4	7	1	3
9	3	1	8	5	2	6	4	7
2	6	4	3	7	1	8	5	9
8	5	7	4	9	6	2	3	1
7	2	6	9	1	5	3	8	4
1	9	8	6	4	3	5	7	2
3	4	5	7	2	8	1	9	6

111

7	8	2	6	9	4	1	3	5
1	3	9	8	5	2	6	7	4
5	4	6	7	3	1	2	8	9
8	2	7	9	1	5	4	6	3
4	6	1	3	2	8	5	9	7
3	9	5	4	7	6	8	1	2
2	5	3	1	8	9	7	4	6
9	1	4	5	6	7	3	2	8
6	7	8	2	4	3	9	5	1

112

5	6	1	3	4	9	2	8	7
8	3	2	6	7	1	9	4	5
9	7	4	5	2	8	3	6	1
1	5	9	8	6	2	7	3	4
4	8	3	9	1	7	5	2	6
7	2	6	4	3	5	1	9	8
2	9	5	7	8	6	4	1	3
6	4	7	1	9	3	8	5	2
3	1	8	2	5	4	6	7	9

113

5	1	3	4	8	2	7	9	6
4	6	9	7	5	3	2	1	8
2	8	7	9	6	1	4	3	5
1	4	2	3	7	6	5	8	9
7	3	8	2	9	5	6	4	1
6	9	5	8	1	4	3	7	2
8	7	6	5	4	9	1	2	3
9	2	1	6	3	7	8	5	4
3	5	4	1	2	8	9	6	7

114

6	1	7	5	3	8	4	9	2
5	2	3	9	4	6	8	1	7
9	8	4	7	1	2	3	6	5
3	4	2	1	5	9	6	7	8
1	7	5	8	6	4	9	2	3
8	6	9	2	7	3	5	4	1
2	3	8	4	9	1	7	5	6
4	5	6	3	2	7	1	8	9
7	9	1	6	8	5	2	3	4

115

8	2	1	3	6	9	7	4	5
3	9	6	7	5	4	1	8	2
4	5	7	2	8	1	6	9	3
7	3	4	1	9	5	2	6	8
9	1	5	6	2	8	4	3	7
6	8	2	4	7	3	9	5	1
2	6	8	5	4	7	3	1	9
5	7	3	9	1	6	8	2	4
1	4	9	8	3	2	5	7	6

116

8	9	7	1	4	2	5	6	3
4	5	1	6	3	9	2	7	8
2	3	6	7	8	5	1	4	9
1	6	8	9	2	7	3	5	4
9	4	2	3	5	8	6	1	7
3	7	5	4	1	6	8	9	2
5	1	4	8	7	3	9	2	6
6	2	3	5	9	4	7	8	1
7	8	9	2	6	1	4	3	5

117

3	1	8	2	6	5	4	7	9
6	9	4	8	1	7	2	3	5
5	7	2	9	3	4	6	8	1
8	5	9	1	7	6	3	4	2
4	6	3	5	8	2	9	1	7
7	2	1	3	4	9	8	5	6
2	4	7	6	5	3	1	9	8
1	3	6	7	9	8	5	2	4
9	8	5	4	2	1	7	6	3

118

2	9	8	5	3	4	1	6	7
4	5	6	7	1	9	8	2	3
3	7	1	8	6	2	5	9	4
7	1	4	3	9	8	6	5	2
5	8	3	1	2	6	4	7	9
9	6	2	4	7	5	3	1	8
8	2	9	6	4	1	7	3	5
6	4	7	2	5	3	9	8	1
1	3	5	9	8	7	2	4	6

119

5	1	4	6	8	3	9	2	7
9	6	7	4	1	2	5	3	8
3	8	2	7	9	5	6	1	4
4	5	6	9	3	8	2	7	1
8	9	3	2	7	1	4	6	5
7	2	1	5	4	6	8	9	3
2	3	9	8	5	7	1	4	6
1	4	8	3	6	9	7	5	2
6	7	5	1	2	4	3	8	9

120

6	4	9	5	1	7	2	3	8
7	2	5	6	3	8	1	4	9
3	1	8	2	4	9	6	7	5
9	5	4	3	8	6	7	2	1
8	7	2	4	5	1	3	9	6
1	3	6	7	9	2	8	5	4
2	9	1	8	7	5	4	6	3
4	8	7	9	6	3	5	1	2
5	6	3	1	2	4	9	8	7

121

5	8	4	7	2	1	9	6	3
6	2	3	9	4	8	5	1	7
9	7	1	5	6	3	2	4	8
1	9	6	4	8	7	3	5	2
7	5	8	6	3	2	1	9	4
4	3	2	1	5	9	8	7	6
3	4	5	2	1	6	7	8	9
8	1	9	3	7	4	6	2	5
2	6	7	8	9	5	4	3	1

122

1	6	9	4	2	5	3	8	7
3	2	7	8	1	9	4	5	6
4	5	8	7	6	3	2	9	1
8	4	2	3	5	7	6	1	9
5	7	1	6	9	4	8	2	3
9	3	6	1	8	2	5	7	4
7	9	4	2	3	8	1	6	5
2	1	3	5	7	6	9	4	8
6	8	5	9	4	1	7	3	2

123

7	9	5	3	1	2	8	6	4
4	2	8	6	7	5	3	9	1
3	6	1	9	4	8	2	7	5
2	5	3	8	9	4	7	1	6
9	8	4	7	6	1	5	2	3
1	7	6	2	5	3	9	4	8
5	4	2	1	3	7	6	8	9
6	1	7	5	8	9	4	3	2
8	3	9	4	2	6	1	5	7

124

1	2	8	6	3	5	9	4	7
9	3	4	8	7	2	5	6	1
7	5	6	1	9	4	3	8	2
6	8	5	3	2	7	4	1	9
4	7	3	9	1	6	2	5	8
2	9	1	5	4	8	7	3	6
5	4	2	7	8	1	6	9	3
3	1	7	4	6	9	8	2	5
8	6	9	2	5	3	1	7	4

125

8	1	5	7	4	2	9	6	3
7	9	3	5	1	6	4	2	8
6	2	4	9	8	3	7	1	5
2	7	9	1	3	4	5	8	6
3	4	8	2	6	5	1	7	9
5	6	1	8	9	7	2	3	4
1	3	6	4	7	9	8	5	2
4	5	7	3	2	8	6	9	1
9	8	2	6	5	1	3	4	7

126

4	7	8	9	1	2	3	5	6
1	6	3	7	5	8	9	4	2
9	2	5	3	6	4	8	7	1
7	3	9	6	4	5	1	2	8
5	8	6	1	2	9	4	3	7
2	1	4	8	3	7	6	9	5
3	9	2	5	8	1	7	6	4
6	4	1	2	7	3	5	8	9
8	5	7	4	9	6	2	1	3

127

7	8	1	5	9	3	4	6	2
4	2	9	1	7	6	3	5	8
3	6	5	2	8	4	1	7	9
2	9	3	7	5	1	6	8	4
1	4	7	6	3	8	2	9	5
6	5	8	4	2	9	7	1	3
9	7	4	8	1	2	5	3	6
8	1	2	3	6	5	9	4	7
5	3	6	9	4	7	8	2	1

128

7	8	4	3	9	5	6	1	2
3	6	2	7	1	8	4	5	9
9	1	5	2	6	4	7	3	8
2	9	6	1	7	3	5	8	4
8	4	3	9	5	2	1	7	6
1	5	7	8	4	6	2	9	3
5	3	8	6	2	7	9	4	1
6	7	9	4	8	1	3	2	5
4	2	1	5	3	9	8	6	7

129

6	4	7	1	2	5	9	3	8
2	3	1	9	6	8	5	4	7
8	5	9	4	7	3	6	2	1
7	2	3	8	5	9	1	6	4
9	1	5	6	4	7	2	8	3
4	6	8	2	3	1	7	5	9
3	8	2	7	9	6	4	1	5
1	9	6	5	8	4	3	7	2
5	7	4	3	1	2	8	9	6

130

5	6	4	7	1	3	2	9	8
8	2	3	4	9	6	7	5	1
1	7	9	8	2	5	6	3	4
3	8	1	5	6	2	9	4	7
6	5	7	1	4	9	8	2	3
9	4	2	3	8	7	5	1	6
4	3	6	2	5	8	1	7	9
2	1	8	9	7	4	3	6	5
7	9	5	6	3	1	4	8	2

131

5	9	1	6	3	8	4	2	7
2	3	4	1	5	7	6	9	8
8	7	6	4	2	9	5	3	1
4	8	5	9	6	2	1	7	3
3	2	7	5	1	4	8	6	9
6	1	9	8	7	3	2	4	5
7	4	3	2	8	1	9	5	6
1	6	2	3	9	5	7	8	4
9	5	8	7	4	6	3	1	2

132

7	3	5	4	1	8	2	9	6
4	9	2	7	3	6	8	1	5
8	1	6	9	5	2	4	3	7
1	7	3	8	2	5	6	4	9
5	8	9	6	4	7	1	2	3
6	2	4	1	9	3	5	7	8
9	6	1	3	8	4	7	5	2
3	5	7	2	6	1	9	8	4
2	4	8	5	7	9	3	6	1

133

1	8	3	7	2	9	6	5	4
7	5	2	1	4	6	8	3	9
6	4	9	5	3	8	1	2	7
4	3	7	8	1	2	9	6	5
2	6	8	4	9	5	7	1	3
9	1	5	3	6	7	2	4	8
8	7	4	2	5	1	3	9	6
3	2	6	9	8	4	5	7	1
5	9	1	6	7	3	4	8	2

134

6	7	3	2	8	4	1	9	5
5	2	9	6	1	7	3	4	8
8	4	1	5	3	9	7	2	6
9	5	7	1	4	2	8	6	3
4	1	6	3	9	8	2	5	7
3	8	2	7	6	5	4	1	9
7	9	4	8	2	6	5	3	1
2	3	8	9	5	1	6	7	4
1	6	5	4	7	3	9	8	2

135

5	8	2	3	6	1	7	9	4
9	6	4	8	2	7	5	1	3
1	3	7	9	5	4	8	6	2
3	4	8	2	7	6	9	5	1
6	1	9	4	8	5	3	2	7
7	2	5	1	9	3	4	8	6
2	5	1	7	4	8	6	3	9
4	9	6	5	3	2	1	7	8
8	7	3	6	1	9	2	4	5

136

5	7	4	9	1	8	2	3	6
9	3	8	2	5	6	1	7	4
1	2	6	7	4	3	8	9	5
7	6	9	3	8	5	4	2	1
3	5	2	4	9	1	7	6	8
4	8	1	6	2	7	3	5	9
6	1	3	5	7	4	9	8	2
2	4	7	8	6	9	5	1	3
8	9	5	1	3	2	6	4	7

137

9	5	1	6	8	7	2	4	3
6	2	8	4	5	3	7	9	1
4	3	7	9	2	1	8	5	6
1	7	3	8	9	5	4	6	2
2	4	5	7	3	6	9	1	8
8	6	9	2	1	4	3	7	5
3	8	6	5	7	9	1	2	4
5	9	2	1	4	8	6	3	7
7	1	4	3	6	2	5	8	9

138

3	8	4	6	1	7	9	5	2
2	5	1	3	4	9	8	6	7
9	7	6	2	8	5	4	3	1
8	2	5	7	3	4	1	9	6
7	1	3	9	2	6	5	4	8
6	4	9	1	5	8	7	2	3
5	3	7	4	6	1	2	8	9
4	9	2	8	7	3	6	1	5
1	6	8	5	9	2	3	7	4

139

4	1	7	9	5	2	3	8	6
2	8	9	6	7	3	5	4	1
6	5	3	1	4	8	2	9	7
7	6	1	3	9	4	8	2	5
9	2	8	5	6	7	1	3	4
5	3	4	8	2	1	6	7	9
1	7	6	2	3	9	4	5	8
3	4	5	7	8	6	9	1	2
8	9	2	4	1	5	7	6	3

140

6	3	8	2	1	9	4	5	7
2	5	9	3	4	7	6	8	1
7	4	1	8	6	5	2	9	3
8	1	2	7	9	6	3	4	5
5	6	3	1	8	4	7	2	9
9	7	4	5	2	3	8	1	6
4	8	5	6	7	1	9	3	2
1	2	7	9	3	8	5	6	4
3	9	6	4	5	2	1	7	8

141

7	5	3	9	2	4	8	1	6
4	6	2	5	1	8	7	9	3
1	9	8	7	6	3	4	5	2
3	7	1	4	8	5	2	6	9
8	4	9	6	3	2	1	7	5
5	2	6	1	9	7	3	8	4
2	1	5	3	7	6	9	4	8
6	8	7	2	4	9	5	3	1
9	3	4	8	5	1	6	2	7

142

2	5	7	4	8	9	6	3	1
4	9	6	1	2	3	5	7	8
8	1	3	6	5	7	4	9	2
9	2	4	8	3	5	1	6	7
7	6	5	2	1	4	9	8	3
1	3	8	7	9	6	2	5	4
6	7	1	9	4	8	3	2	5
5	8	2	3	6	1	7	4	9
3	4	9	5	7	2	8	1	6

143

8	6	9	2	5	3	4	1	7
7	3	1	4	8	9	2	6	5
4	5	2	6	7	1	3	9	8
9	4	7	1	3	8	6	5	2
1	2	3	5	6	7	9	8	4
6	8	5	9	4	2	1	7	3
2	7	8	3	9	6	5	4	1
5	1	6	7	2	4	8	3	9
3	9	4	8	1	5	7	2	6

144

8	3	9	7	2	4	5	1	6
2	5	6	9	3	1	4	8	7
7	1	4	8	5	6	9	2	3
5	6	7	4	8	3	2	9	1
4	9	8	6	1	2	3	7	5
3	2	1	5	7	9	6	4	8
1	8	3	2	4	5	7	6	9
6	4	5	1	9	7	8	3	2
9	7	2	3	6	8	1	5	4

145

8	5	3	9	4	1	6	2	7
4	6	2	3	5	7	9	1	8
7	1	9	2	8	6	3	4	5
6	2	8	1	3	4	5	7	9
3	9	1	5	7	8	4	6	2
5	4	7	6	2	9	8	3	1
1	8	5	4	6	2	7	9	3
9	7	4	8	1	3	2	5	6
2	3	6	7	9	5	1	8	4

146

5	8	6	4	9	7	1	2	3
3	9	7	2	1	5	8	6	4
1	2	4	3	8	6	7	5	9
4	5	9	8	2	1	3	7	6
7	6	2	5	3	4	9	8	1
8	3	1	6	7	9	2	4	5
6	7	3	9	4	8	5	1	2
9	4	8	1	5	2	6	3	7
2	1	5	7	6	3	4	9	8

147

6	2	3	7	8	1	9	4	5
9	5	8	2	4	6	1	3	7
4	1	7	9	3	5	2	8	6
7	8	5	3	2	4	6	9	1
1	3	9	5	6	8	7	2	4
2	6	4	1	7	9	8	5	3
5	4	2	6	9	7	3	1	8
3	7	1	8	5	2	4	6	9
8	9	6	4	1	3	5	7	2

148

9	4	1	2	6	5	3	8	7
6	5	8	7	3	9	4	1	2
7	2	3	8	4	1	6	5	9
8	9	4	3	5	6	2	7	1
3	7	2	9	1	8	5	4	6
1	6	5	4	2	7	9	3	8
5	1	7	6	9	3	8	2	4
2	8	6	5	7	4	1	9	3
4	3	9	1	8	2	7	6	5

149

1	8	4	7	6	9	2	3	5
3	7	9	2	5	1	4	6	8
2	5	6	4	3	8	9	1	7
4	9	3	5	8	2	1	7	6
6	2	7	1	9	3	8	5	4
5	1	8	6	7	4	3	2	9
7	4	1	8	2	5	6	9	3
9	6	2	3	4	7	5	8	1
8	3	5	9	1	6	7	4	2

150

7	9	4	2	3	1	6	8	5
6	5	3	8	9	7	4	2	1
2	1	8	5	4	6	9	3	7
8	7	6	4	5	9	2	1	3
4	2	9	7	1	3	8	5	6
1	3	5	6	8	2	7	9	4
5	6	1	9	2	4	3	7	8
9	8	7	3	6	5	1	4	2
3	4	2	1	7	8	5	6	9

151

6	3	1	7	5	4	9	8	2
2	7	9	3	1	8	6	5	4
8	4	5	2	6	9	3	1	7
9	2	3	8	4	5	1	7	6
4	6	7	1	9	3	5	2	8
5	1	8	6	7	2	4	9	3
7	8	6	9	3	1	2	4	5
3	9	4	5	2	7	8	6	1
1	5	2	4	8	6	7	3	9

152

1	9	2	3	7	5	6	4	8
5	4	8	1	2	6	9	7	3
6	7	3	9	4	8	5	2	1
7	5	4	2	8	1	3	9	6
3	2	1	7	6	9	4	8	5
8	6	9	4	5	3	7	1	2
4	1	6	8	3	7	2	5	9
2	8	5	6	9	4	1	3	7
9	3	7	5	1	2	8	6	4

153

9	7	2	4	5	3	6	1	8
3	8	5	2	6	1	4	7	9
4	6	1	8	9	7	3	2	5
2	5	6	9	1	4	8	3	7
1	9	3	7	8	5	2	4	6
8	4	7	6	3	2	9	5	1
5	2	8	1	4	9	7	6	3
6	3	4	5	7	8	1	9	2
7	1	9	3	2	6	5	8	4

154

9	8	5	2	6	1	4	3	7
7	2	4	9	8	3	1	6	5
1	3	6	4	5	7	8	9	2
4	6	2	8	1	9	7	5	3
5	7	1	3	2	4	9	8	6
8	9	3	5	7	6	2	1	4
2	4	9	6	3	8	5	7	1
6	5	7	1	9	2	3	4	8
3	1	8	7	4	5	6	2	9

155

4	2	8	7	6	9	1	3	5
3	6	9	5	1	4	8	7	2
7	1	5	3	8	2	4	9	6
8	5	6	4	2	7	9	1	3
2	9	4	6	3	1	5	8	7
1	7	3	8	9	5	6	2	4
6	8	7	9	5	3	2	4	1
5	4	2	1	7	8	3	6	9
9	3	1	2	4	6	7	5	8

156

7	5	1	6	8	4	2	3	9
3	6	9	1	5	2	4	7	8
4	8	2	3	9	7	6	5	1
9	1	7	8	4	6	5	2	3
6	2	8	7	3	5	9	1	4
5	4	3	9	2	1	7	8	6
1	9	6	2	7	3	8	4	5
8	7	4	5	1	9	3	6	2
2	3	5	4	6	8	1	9	7

157

1	7	2	9	5	6	3	8	4
6	8	5	4	3	7	1	9	2
4	3	9	1	2	8	7	5	6
9	6	8	2	7	5	4	3	1
7	4	1	6	9	3	8	2	5
5	2	3	8	1	4	9	6	7
2	1	6	7	8	9	5	4	3
8	5	4	3	6	1	2	7	9
3	9	7	5	4	2	6	1	8

158

2	3	6	7	4	1	9	8	5
8	7	1	3	9	5	2	4	6
4	5	9	6	2	8	1	3	7
1	4	2	5	3	7	8	6	9
9	6	3	1	8	4	7	5	2
7	8	5	2	6	9	3	1	4
6	1	8	9	5	2	4	7	3
5	9	7	4	1	3	6	2	8
3	2	4	8	7	6	5	9	1

159

3	6	4	2	7	1	8	5	9
2	7	8	5	9	6	3	4	1
9	5	1	8	4	3	7	6	2
8	4	7	9	3	5	1	2	6
6	3	5	1	8	2	9	7	4
1	9	2	4	6	7	5	3	8
5	2	9	3	1	4	6	8	7
4	1	6	7	5	8	2	9	3
7	8	3	6	2	9	4	1	5

160

3	4	9	7	1	2	8	6	5
5	6	1	3	9	8	7	4	2
7	8	2	6	5	4	3	1	9
6	9	4	5	8	7	1	2	3
2	5	8	4	3	1	9	7	6
1	3	7	9	2	6	5	8	4
9	7	6	8	4	3	2	5	1
4	1	3	2	7	5	6	9	8
8	2	5	1	6	9	4	3	7

161

5	9	7	8	6	1	4	2	3
3	1	4	2	5	9	6	7	8
8	2	6	4	7	3	5	9	1
7	5	2	1	3	6	9	8	4
4	3	1	9	8	7	2	5	6
6	8	9	5	2	4	1	3	7
9	6	5	3	4	8	7	1	2
1	7	8	6	9	2	3	4	5
2	4	3	7	1	5	8	6	9

162

4	2	3	7	6	8	1	9	5
1	7	9	3	2	5	6	8	4
5	8	6	4	9	1	3	7	2
2	4	7	1	8	6	5	3	9
9	1	8	5	4	3	2	6	7
3	6	5	2	7	9	8	4	1
7	3	2	8	5	4	9	1	6
8	9	4	6	1	2	7	5	3
6	5	1	9	3	7	4	2	8

163

9	7	5	8	4	3	2	6	1
8	6	2	5	1	9	7	3	4
4	1	3	2	6	7	5	9	8
1	9	7	6	8	5	4	2	3
2	3	6	7	9	4	1	8	5
5	8	4	1	3	2	9	7	6
6	2	8	4	7	1	3	5	9
7	4	9	3	5	8	6	1	2
3	5	1	9	2	6	8	4	7

164

2	1	9	8	6	3	5	7	4
7	5	3	1	4	9	8	2	6
8	4	6	7	5	2	1	3	9
3	2	5	9	8	7	4	6	1
4	6	8	3	1	5	2	9	7
1	9	7	6	2	4	3	8	5
5	8	4	2	9	6	7	1	3
9	7	1	4	3	8	6	5	2
6	3	2	5	7	1	9	4	8

165

3	9	5	1	8	2	4	7	6
4	1	6	7	9	5	2	3	8
7	2	8	6	4	3	5	1	9
1	6	9	5	2	4	7	8	3
5	7	3	9	6	8	1	2	4
2	8	4	3	7	1	9	6	5
9	3	1	8	5	7	6	4	2
6	4	7	2	3	9	8	5	1
8	5	2	4	1	6	3	9	7

166

7	9	4	5	3	2	1	8	6
1	8	3	4	6	7	9	5	2
5	6	2	8	9	1	7	4	3
6	1	8	9	2	4	5	3	7
4	3	7	1	5	8	2	6	9
9	2	5	6	7	3	4	1	8
3	5	6	2	4	9	8	7	1
2	7	1	3	8	5	6	9	4
8	4	9	7	1	6	3	2	5

167

2	8	4	5	6	3	1	9	7
5	1	3	4	9	7	2	6	8
7	9	6	1	8	2	3	4	5
8	6	2	7	3	9	4	5	1
1	7	9	2	5	4	6	8	3
4	3	5	8	1	6	9	7	2
3	2	7	6	4	5	8	1	9
6	5	8	9	2	1	7	3	4
9	4	1	3	7	8	5	2	6

168

1	7	2	3	9	5	6	4	8
9	5	4	6	1	8	7	2	3
8	6	3	7	4	2	9	5	1
4	1	6	9	8	7	5	3	2
7	3	9	2	5	4	1	8	6
5	2	8	1	6	3	4	9	7
3	9	7	5	2	6	8	1	4
2	4	1	8	7	9	3	6	5
6	8	5	4	3	1	2	7	9

169

5	9	6	1	3	7	4	2	8
3	2	1	5	8	4	7	9	6
4	7	8	9	2	6	3	5	1
6	8	4	7	5	9	2	1	3
7	5	3	6	1	2	8	4	9
2	1	9	8	4	3	5	6	7
8	4	5	3	9	1	6	7	2
1	6	2	4	7	8	9	3	5
9	3	7	2	6	5	1	8	4

170

8	6	1	2	3	4	7	9	5
5	4	2	7	6	9	1	3	8
9	3	7	1	5	8	2	6	4
6	7	4	8	2	1	9	5	3
2	8	3	6	9	5	4	1	7
1	5	9	4	7	3	6	8	2
3	1	6	5	4	7	8	2	9
4	2	5	9	8	6	3	7	1
7	9	8	3	1	2	5	4	6

171

7	4	9	8	3	6	2	5	1
2	3	1	4	9	5	6	8	7
8	6	5	1	2	7	9	4	3
5	7	4	2	1	8	3	6	9
6	1	8	9	5	3	4	7	2
3	9	2	6	7	4	8	1	5
9	8	3	7	4	1	5	2	6
1	5	6	3	8	2	7	9	4
4	2	7	5	6	9	1	3	8

172

9	6	5	7	1	4	8	2	3
4	3	1	2	6	8	9	5	7
8	7	2	3	9	5	1	4	6
7	8	9	1	5	3	4	6	2
2	5	4	9	7	6	3	1	8
6	1	3	4	8	2	7	9	5
3	2	7	5	4	9	6	8	1
1	4	8	6	2	7	5	3	9
5	9	6	8	3	1	2	7	4

173

8	7	6	4	2	3	1	9	5
1	4	2	9	5	6	8	7	3
5	3	9	1	8	7	6	2	4
4	9	5	6	7	8	3	1	2
2	6	1	5	3	4	9	8	7
3	8	7	2	1	9	5	4	6
6	5	4	8	9	2	7	3	1
9	2	3	7	6	1	4	5	8
7	1	8	3	4	5	2	6	9

174

5	2	4	9	6	1	3	7	8
1	3	8	4	7	5	2	9	6
6	7	9	2	8	3	1	5	4
3	4	5	8	1	2	7	6	9
8	6	2	7	5	9	4	1	3
7	9	1	3	4	6	5	8	2
9	5	7	6	2	4	8	3	1
2	1	3	5	9	8	6	4	7
4	8	6	1	3	7	9	2	5

175

4	6	3	5	2	1	9	7	8
9	5	2	8	4	7	1	3	6
1	7	8	9	6	3	4	5	2
6	8	1	7	9	2	3	4	5
5	4	7	3	1	6	2	8	9
2	3	9	4	8	5	6	1	7
3	9	4	6	5	8	7	2	1
8	1	6	2	7	4	5	9	3
7	2	5	1	3	9	8	6	4

176

8	2	6	5	3	9	7	1	4
1	5	9	2	4	7	6	8	3
3	4	7	8	1	6	2	9	5
2	7	1	3	5	4	9	6	8
6	3	5	7	9	8	1	4	2
4	9	8	1	6	2	5	3	7
7	6	4	9	8	5	3	2	1
5	8	3	6	2	1	4	7	9
9	1	2	4	7	3	8	5	6

177

9	7	2	8	6	5	1	3	4
3	4	6	9	1	2	8	7	5
5	8	1	4	3	7	9	6	2
2	3	7	5	8	6	4	9	1
6	9	8	1	2	4	7	5	3
1	5	4	3	7	9	6	2	8
7	2	3	6	4	8	5	1	9
8	6	5	2	9	1	3	4	7
4	1	9	7	5	3	2	8	6

178

4	8	3	7	1	5	2	9	6
2	1	9	6	3	8	4	7	5
7	6	5	2	4	9	3	1	8
5	3	4	1	7	2	6	8	9
8	2	1	9	6	3	7	5	4
9	7	6	8	5	4	1	2	3
3	9	2	4	8	7	5	6	1
1	4	7	5	9	6	8	3	2
6	5	8	3	2	1	9	4	7

179

3	2	1	4	9	5	6	7	8
9	5	8	7	2	6	1	3	4
6	7	4	8	1	3	2	5	9
1	6	7	5	3	4	9	8	2
4	8	5	2	7	9	3	1	6
2	9	3	6	8	1	7	4	5
5	3	6	1	4	2	8	9	7
7	1	2	9	5	8	4	6	3
8	4	9	3	6	7	5	2	1

180

4	9	1	6	5	8	7	2	3
2	5	3	4	1	7	9	6	8
6	7	8	3	2	9	4	1	5
9	8	6	1	7	2	5	3	4
5	2	7	8	4	3	6	9	1
3	1	4	5	9	6	2	8	7
8	3	2	7	6	4	1	5	9
7	6	5	9	8	1	3	4	2
1	4	9	2	3	5	8	7	6

181

5	7	1	8	4	3	9	6	2
9	4	3	6	2	1	7	8	5
6	2	8	7	9	5	3	4	1
3	5	6	1	7	2	4	9	8
8	1	4	9	5	6	2	3	7
7	9	2	3	8	4	1	5	6
4	3	5	2	1	8	6	7	9
2	6	9	5	3	7	8	1	4
1	8	7	4	6	9	5	2	3

182

4	9	2	5	7	1	3	6	8
1	6	5	3	4	8	2	9	7
3	8	7	6	9	2	4	5	1
6	4	9	8	2	5	7	1	3
8	7	3	4	1	6	9	2	5
5	2	1	9	3	7	6	8	4
9	3	6	1	5	4	8	7	2
7	1	8	2	6	3	5	4	9
2	5	4	7	8	9	1	3	6

183

1	2	8	5	4	3	6	7	9
9	6	4	8	1	7	3	2	5
7	3	5	6	9	2	1	4	8
3	7	1	9	5	8	4	6	2
6	5	9	4	2	1	8	3	7
4	8	2	3	7	6	9	5	1
2	4	7	1	6	9	5	8	3
8	1	6	2	3	5	7	9	4
5	9	3	7	8	4	2	1	6

184

3	6	9	7	1	2	5	8	4
2	4	1	5	9	8	6	3	7
8	7	5	3	4	6	2	1	9
4	1	6	8	2	3	7	9	5
9	8	3	4	7	5	1	6	2
7	5	2	9	6	1	8	4	3
6	3	7	2	8	4	9	5	1
1	2	4	6	5	9	3	7	8
5	9	8	1	3	7	4	2	6

185

7	2	3	1	8	9	4	6	5
6	9	1	5	3	4	2	8	7
4	8	5	7	6	2	9	1	3
1	7	2	4	9	8	5	3	6
3	4	8	6	5	7	1	9	2
9	5	6	2	1	3	8	7	4
8	6	9	3	2	5	7	4	1
5	3	7	8	4	1	6	2	9
2	1	4	9	7	6	3	5	8

186

7	3	2	1	9	8	4	6	5
8	9	5	6	3	4	2	7	1
1	4	6	7	5	2	3	8	9
3	5	9	4	2	6	7	1	8
6	7	1	3	8	9	5	4	2
4	2	8	5	1	7	6	9	3
2	6	3	8	7	1	9	5	4
5	1	4	9	6	3	8	2	7
9	8	7	2	4	5	1	3	6

187

2	1	3	6	4	8	9	5	7
8	7	6	9	2	5	1	4	3
5	4	9	1	7	3	8	2	6
6	8	1	2	9	4	7	3	5
4	9	7	5	3	6	2	8	1
3	2	5	8	1	7	4	6	9
1	5	2	3	8	9	6	7	4
7	3	8	4	6	1	5	9	2
9	6	4	7	5	2	3	1	8

188

4	3	1	2	9	8	6	5	7
2	9	8	6	7	5	4	1	3
6	5	7	4	3	1	2	9	8
7	6	3	1	5	4	8	2	9
9	4	2	7	8	6	1	3	5
8	1	5	3	2	9	7	6	4
5	2	9	8	1	7	3	4	6
3	8	6	5	4	2	9	7	1
1	7	4	9	6	3	5	8	2

189

9	5	8	1	7	3	6	2	4
1	6	3	2	4	5	9	7	8
2	4	7	6	8	9	3	5	1
6	7	1	9	3	8	5	4	2
5	9	2	4	1	7	8	3	6
8	3	4	5	2	6	7	1	9
4	8	5	7	6	1	2	9	3
7	2	6	3	9	4	1	8	5
3	1	9	8	5	2	4	6	7

190

2	7	6	1	8	4	9	3	5
9	1	3	2	5	6	7	4	8
5	4	8	7	3	9	6	2	1
7	5	9	4	6	2	8	1	3
4	3	1	8	9	7	2	5	6
6	8	2	5	1	3	4	7	9
8	2	5	6	4	1	3	9	7
3	6	4	9	7	5	1	8	2
1	9	7	3	2	8	5	6	4

191

2	9	6	1	7	5	4	3	8
4	5	1	8	3	2	7	9	6
3	8	7	9	6	4	2	5	1
6	1	5	4	9	8	3	2	7
8	2	9	7	1	3	6	4	5
7	3	4	5	2	6	1	8	9
5	7	2	3	8	1	9	6	4
9	6	8	2	4	7	5	1	3
1	4	3	6	5	9	8	7	2

192

9	6	1	4	8	7	5	3	2
7	8	3	2	5	1	9	6	4
5	2	4	6	3	9	7	1	8
4	9	8	3	1	6	2	5	7
2	1	6	5	7	4	3	8	9
3	7	5	8	9	2	6	4	1
6	5	7	1	2	8	4	9	3
8	4	9	7	6	3	1	2	5
1	3	2	9	4	5	8	7	6

193

5	1	4	9	3	6	8	7	2
3	8	7	4	2	1	9	5	6
2	9	6	5	8	7	3	1	4
7	5	1	6	4	3	2	8	9
6	2	9	1	5	8	7	4	3
8	4	3	2	7	9	5	6	1
1	6	5	8	9	2	4	3	7
9	7	8	3	6	4	1	2	5
4	3	2	7	1	5	6	9	8

194

5	3	8	7	1	2	9	4	6
4	9	1	6	5	3	7	2	8
6	2	7	9	8	4	1	5	3
1	5	4	8	3	6	2	7	9
9	6	3	2	7	1	4	8	5
7	8	2	4	9	5	3	6	1
3	7	6	5	2	9	8	1	4
2	1	5	3	4	8	6	9	7
8	4	9	1	6	7	5	3	2

195

9	7	6	3	4	5	8	1	2
4	8	1	9	2	6	7	5	3
5	2	3	7	8	1	6	9	4
1	4	7	5	9	2	3	6	8
2	6	5	8	3	7	1	4	9
3	9	8	1	6	4	2	7	5
8	1	2	6	5	9	4	3	7
7	3	9	4	1	8	5	2	6
6	5	4	2	7	3	9	8	1

196

5	7	6	4	1	9	8	3	2
3	9	2	6	8	5	1	4	7
4	8	1	7	3	2	9	5	6
2	5	9	8	4	6	7	1	3
1	4	8	5	7	3	6	2	9
7	6	3	9	2	1	5	8	4
6	3	7	2	5	8	4	9	1
9	2	5	1	6	4	3	7	8
8	1	4	3	9	7	2	6	5

197

5	8	9	2	1	7	4	6	3
1	7	2	6	4	3	5	9	8
6	4	3	5	9	8	7	2	1
3	1	6	4	2	5	8	7	9
7	2	8	9	3	1	6	5	4
9	5	4	7	8	6	3	1	2
8	3	5	1	7	2	9	4	6
2	9	7	8	6	4	1	3	5
4	6	1	3	5	9	2	8	7

198

1	4	5	7	2	6	8	3	9
2	9	6	3	8	4	5	1	7
8	7	3	9	1	5	2	6	4
6	3	7	8	4	9	1	5	2
5	2	9	6	7	1	4	8	3
4	8	1	5	3	2	7	9	6
7	5	4	1	9	3	6	2	8
3	6	8	2	5	7	9	4	1
9	1	2	4	6	8	3	7	5

199

1	5	9	6	7	8	3	2	4
7	4	6	3	2	1	9	5	8
8	3	2	4	9	5	7	1	6
9	8	4	2	3	7	1	6	5
5	6	7	9	1	4	8	3	2
3	2	1	5	8	6	4	9	7
4	9	3	7	6	2	5	8	1
6	1	5	8	4	9	2	7	3
2	7	8	1	5	3	6	4	9

200

6	8	2	9	4	5	7	1	3
5	3	4	8	7	1	2	6	9
9	1	7	6	3	2	4	5	8
2	7	5	1	6	9	8	3	4
4	6	8	5	2	3	1	9	7
3	9	1	7	8	4	6	2	5
8	5	6	2	9	7	3	4	1
7	4	9	3	1	6	5	8	2
1	2	3	4	5	8	9	7	6

Acknowledgements
Executive Editor: Trevor Davies
Managing Editor: Clare Churly
Layouts and cover design: Grade Design
Page make up: Dorchester Typesetting Group Ltd.
Production Manager: Ian Paton
Text: Anna Southgate